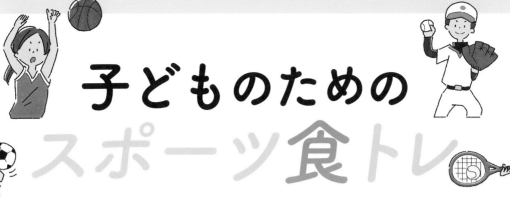

子どものための
スポーツ食トレ

子どもたちに伝えたい！ スポーツ栄養とレシピ

少年写真新聞社

Contents

第1章　教えて！AKIKO先生

第2章　ジュニアアスリートの食事の基本と食生活

第3章　ジュニアアスリートのためのレシピ

はじめに

　毎日の食事は、当たり前のように食べている人も多いかもしれませんが、生きるうえで必要なことです。その生きるために必要な「毎日の食事」によって、心と体が元気になったり、楽しみにもなったりします。また、家族や友だち、仲間と食べることや、食べたいと思う食事、おいしいと思う食事をとることで、元気や楽しさが倍増し、食事は生活を豊かにしてくれます。

　トップアスリートのみなさんも毎日食事をとり、練習し、休むことを繰り返して驚くほどの高いパフォーマンスを発揮し、わたしたちに感動を与えてくれます。しかし、トップアスリートだからといって特別な食べ物を食べているわけではありません。また、アスリートの体は1日でできたわけではありません。幼い頃からの毎日の食事の積み重ねと、体を動かすこと、休むことによって、現在の高いパフォーマンスを発揮することのできる体になっているのです。そこには、家族の支え、学校の先生や指導者の教え、仲間との交流が日々の糧になっているはずです。

　一般的に小学生から高校生までの特に体が成長する時期には、一生の中で一番食事量が多く必要になります。そこにスポーツをすることが加わるとさらに毎日の食事が大切になります。本書を手に取ってくださるみなさまが、その大事な時期に、本書にある内容を参考に、食事を大事にしていただくことで、健康的な体につながり、みなさまの幸せな生活につながることを心から願っております。

国立スポーツ科学センター
栄養グループ　先任研究員
公認スポーツ栄養士

亀井明子

第1章

教えて！
AKIKO先生

第1章では、スポーツをしている中で、
気になった食事のことなどをQ&A方式で
AKIKO先生にお答えいただきます！

スポーツをしている人にとってなぜ食事が大事なのですか？

わたしたちは食べ物を食べることで、生きるため、活動するため、成長するために必要な栄養素をとっています。スポーツをしている人は、していない人にくらべて、体を動かす分、たくさんの食べ物をとることが必要です。そして、食事が大切な理由は、大きくわけて３つあります。

１つ目はトレーニングによる長期の体づくりで、体力をつけることです。２つ目は試合で力を発揮するために、試合前、試合中、試合後の食事が大事ということです。３つ目はスポーツに伴う病気やけがの予防のためです。病気やけがが発生すると、試合への出場はもちろん、練習さえできなくなってしまいます。そこで病気やけがの予防が必要になります。

詳しくは p.28　詳しくは p.48　詳しくは p.49

バランスのよい食事とは
どんな食事ですか？

　バランスのよい食事とは体を動かすエネルギー源となり、筋肉や骨などの体をつくる栄養素などを過不足なくとることのできる食事です。この食事のととのえ方を「基本的な食事の形」といいます。

●主食：体を動かすエネルギー源
　　　　（ごはん・パン・めんなど）

●主菜：筋肉・骨・血液などの材料となる
　　　　（肉・魚介・卵、大豆・大豆製品など）

●副菜：体調をととのえ、骨や血液の材料となる
　　　　（野菜・いも・海藻・きのこなど）

●牛乳・乳製品：骨や歯を形成する
　　　　（牛乳・チーズ・ヨーグルトなど）

●果物：疲労回復に役立つ
　　　　（オレンジ・バナナ・キウイフルーツなど）

 詳しくは p.38
 詳しくは p.39
 詳しくは p.40
 詳しくは p.41

自分の適量がわかりません
どのくらい食べればいいの？

　成長期のスポーツ選手がどのくらい食べたらよいかというのは、年齢や性別、成長による増加分、体重、練習内容などによって異なります。厚生労働省が策定した「日本人の食事摂取基準（2020年版）」では、日本人の参照体位をもとに、身体活動レベル別に必要とするエネルギー量が示されています。成長期は、活動に必要なエネルギーだけでなく、成長に必要なエネルギーが加味されています。

　そこで、学校給食の量を一食の食事量の参考にするとよいでしょう。しかし、個人の体格や活動量などによって個人個人の食事量には違いがあるので、練習量が多い日は、よりたくさんの食事を食べることが必要になります。

 詳しくは p.32　 詳しくは p.33　 詳しくは p.44

Q.04

食事の量が多くて食べられません
どうすればいいの？

　1回の食事量を減らし、補食を活用してください。補食とは、朝・昼・夕の三食で足りないエネルギーや栄養素をとる食事のことです。この場合の補食はパンと牛乳などの軽食と考えてください。

　また、練習前に空腹の場合や、練習後から夕食までに時間があいてしまう場合は、練習の質の向上と体の回復のために補食が必要になります。また、練習直後は食欲が低下しがちです。練習後に体を休めてから食事がとれるようにすることも必要です。さらに食事の前にお菓子や甘い飲み物をとると、それだけでおなかがいっぱいになり、食事がとれなくなります。食事前のお菓子や甘い飲み物には注意してください。

詳しくは p.45　詳しくは p.50　レシピ p.71　レシピ p.72

朝練があって朝はぎりぎりまで寝たいので朝ごはんは食べなくてもよい？

　朝食は1日の元気の源です。体を目覚めさせるためにも、食事をとりましょう。朝の起床時は脳がまだ活性化していない状態です。朝ごはん抜きで練習をすると、練習に集中することができず、せっかくの練習も台なしです。また、睡眠中に体の水分が失われていることから、起床後、体の調子をととのえるためには水分補給も必要です。

　朝はエネルギー源になる炭水化物を中心に食事をとり、脳を活性化させ、水分をとるようにしてください。朝食で主食、主菜、副菜、牛乳・乳製品、果物をそろえてとることが理想です。しかし、朝練前の早朝の朝食としては、すべてをそろえてとらなくても、まずエネルギーをとる、炭水化物をとる、水分をとるように工夫することです。

 詳しくは p.42　 詳しくは p.43　 詳しくは p.60　 詳しくは p.63　 レシピ p.61　 レシピ p.62

朝ごはんでとりたい食品を
教えてください

　Q.5でお答えしたように、朝ごはんでは優先的に炭水化物と水分をとるようにします。まずは炭水化物が豊富な食品であるごはん、パン、シリアルなどをとります。次に卵焼きや納豆、ウインナーソーセージやハムなどの、たんぱく質のとれる主菜をつけるとよいでしょう。さらに体調をととのえるビタミン類の多い野菜や果物が入ると、バランスのよい食事となります。また水分補給の観点から、水やお茶のほか、牛乳、果汁100%のジュース、飲むヨーグルトなどの飲み物を追加します。特に牛乳・乳製品は、習慣化させることで摂取しやすくなります。ぜひとも朝に1杯とる習慣をつけて、体の成長や、運動に必要なたんぱく質、カルシウム、ビタミンなどをとれるようにしましょう。

詳しくは p.60

詳しくは p.63

レシピ p.61

レシピ p.62

部活動がある日と休みの日
食事の量をかえた方がよいの？

　部活動が休みの日は、練習のある日にくらべて、エネルギー消費量が少なくなっています。活動量に見合った食事の量に調整することがよい場合もあります。

　成長期の選手のみなさんは、体の成長に伴って必要な栄養量も多くなります。練習がない日の方が疲れが少なく食欲がわいたり、あるいは食事の時間がゆっくりとれて、リラックスして食事をとったりすることもできます。

　あまり気にし過ぎず、食べたい食べ物をとって、休みの日に心と体の休養をしてください。

　だからといってお菓子や甘い飲み物の暴飲暴食は避けてください。次の日の練習時の体調不良につながってしまいます。

 詳しくは p.32
 詳しくは p.33
 詳しくは p.34
 詳しくは p.35
 詳しくは p.36
 詳しくは p.37
 詳しくは p.45

試合の前日に
食べた方がよいものは？

　試合では自分自身の持っている力を精いっぱい発揮できるように、心と体をととのえることが大切です。試合前日のポイントをあげます。

①ごはんやパンなどの炭水化物を多く含む食品を
　しっかり食べる

②揚げ物や脂肪の多い食品は、消化に時間がかか
　るので控える

③刺身などの生ものや初めて食べるもの、衛生状
　態の悪いものは避ける

④食物繊維が多いごぼうやさつまいもなどは、お
　なかにガスを発生させやすいので控えめにする

⑤補食（間食）は炭水化物と水分を中心に考える

　また、試合に向けてエネルギーを蓄え、休養・睡眠をしっかりとって、体調をととのえましょう。

詳しくは
p.48

試合当日のお弁当は
どんなものがよいの？

　お弁当の半分はごはんなどの主食を入れましょう。筋肉のエネルギー源としての筋グリコーゲンや、脳・神経のエネルギーとしての肝グリコーゲンを蓄えることになります。しかし、チャーハンやピラフなどの油の多い料理は消化に時間がかかるので試合当日の食事内容としてはふさわしくありません。何といっても運動会や試合時の定番の「おにぎり」は適度に水分もあり、手で持っても食べやすく、運動に必要な栄養が豊富な食べ物です。当日のお弁当には食べやすさを考えて、小さめににぎったおにぎりを用意するのもよいでしょう。暑い日の持ち運びは、保冷バッグや保冷剤を活用し、涼しい場所で保管し、早めに食べるようにしましょう。

詳しくは
p.48

詳しくは
p.64

詳しくは
p.67

レシピ
p.65

レシピ
p.66

Q.10

試合や練習の後に食べた方が
よいものはありますか？

　試合後や練習後は、消耗した筋肉中のエネルギーをすみやかに回復させる必要があるため、炭水化物を十分にとることが大切です。練習後すみやかに炭水化物を摂取した場合は、何も摂取しなかった場合より練習後の消耗が少ないことがわかっています。さらに炭水化物とたんぱく質をとることで、筋肉の合成が高まることも報告されています。

　そこで、試合後や練習後はなるべく早く食事をとることが理想です。しかし、家に帰るまでに時間があいてしまったり、早く食事を食べられなかったりする場合は補食を活用し、「バナナと牛乳」や「ロールパンとチーズ」など、その後の食事に影響がない程度の量を食べるとよいでしょう。

 詳しくは p.49
 詳しくは p.68
 詳しくは p.71
 レシピ p.69
 レシピ p.70
 レシピ p.76

競技によって食事内容はかわりますか？

競技の内容やポジションなどによって、力を発揮できる理想とする体の大きさや特徴が異なり（例：ラグビー／フォワード：大きい体、マラソン：脂肪の少ない体）、食事内容もかわります。また、競技によって1試合の時間や1日の試合数、試合日程も違います。また、個人の競技なのか、チーム競技なのか、競技の種類や特徴によっても練習や試合の時の食事内容には違いがあります。しかし、どの競技でも共通して、競技を行える体力が必要になります。この体力は競技をするうえで体の土台となり、基礎となるため、体力をつけることが成長期の選手には必要です。そのための食事はQ.2でも示した通り、「基本的な食事の形：主食、主菜、副菜、牛乳・乳製品、果物」をそろえることです。

詳しくは p.50　詳しくは p.51　詳しくは p.52　詳しくは p.53

適切な水分補給の方法を 教えてください

近年、猛暑で熱中症が増えています。そこで、適切な水分補給が重要になります。

水分は、一度に大量にとると吸収が悪くなるので、時間をかけて、こまめに補給することが望ましいでしょう。

水分補給の仕方は、運動20〜40分前までに250〜500mL、運動中には15〜20分おきにコップ1杯程度を摂取します。練習後にはしっかりと水分補給します。

できるだけ水分補給のための休憩をとり、自由に飲み物を飲むようにしましょう。

詳しくは
p.46

詳しくは
p.47

運動をする時の水分補給に適した飲み物は？

　水分は、飲んですぐに体に吸収されるわけではありません。計画的に水分補給ができるように事前に準備してください。運動をする時の水分補給としては、下記のようなものが適しています。
①5〜15℃に冷やしたもの
②飲みやすいもの
③胃にたまらないもの、及び量

　水分補給は0.1〜0.2％の食塩（ナトリウム50〜70mg）と4〜8％の糖質（炭水化物）を含んだものがよいでしょう。食塩や糖質が含まれる飲み物は、体内での水分の吸収率や保持率が高くなります。そのため、長時間の運動を行う場合は、糖質や塩分の両方を含むスポーツドリンクを選択することも脱水予防のために有効です。

詳しくは p.46 詳しくは p.47

スポーツドリンクを飲む時の注意点はありますか？

　素早い水分摂取と吸収のためには、スポーツドリンクは薄めずに飲むのがおすすめです。発汗量や運動時間、タイミングなどの条件によって、スポーツドリンクの成分（電解質や糖質など）も必要になります。しかしもっとも重要なのは、水分補給を優先することです。そのうえで水分以外にも、糖質や食塩を考慮することとなります。

　スポーツドリンクを購入する際は、このようなことを考慮したうえで栄養成分表示を見て、成分の確認をしてください。

　甘い炭酸飲料や果汁の少ないジュースは、スポーツドリンクではありませんので、運動中の飲み物としてはおすすめできません。

詳しくは
p.47

Q.15

スポーツをしていると貧血になりやすいの？

スポーツをしている人は、していない人にくらべて、血液をつくるために必要なたんぱく質と鉄などの栄養素の必要量が高くなります。そのため、これらの栄養素が不足すると、貧血になりやすくなります。スポーツをしている人に多い貧血の種類は、鉄欠乏性貧血です。これは、血液中で酸素を運搬する役割のあるヘモグロビンをつくるために必要なたんぱく質と鉄が不足して起こる貧血のことです。貧血になると、運動に必要な酸素を全身や筋肉組織に行き渡らせることができなくなり、運動能力の低下を引き起こします。いつもより練習がきついと感じる、疲れやすい、思うように体が動かない、といった状態であれば、それは貧血あるいは貧血の一歩手前かもしれません。

 詳しくは p.56　 詳しくは p.57　 レシピ p.75

貧血予防のための食事は？

血液を全身に行き渡らせるために必要なヘモグロビンをつくるには、たんぱく質と鉄が必要となります。たんぱく質と鉄を含む肉や魚を継続的に食べている人は、体内に貯蔵している鉄が多いことがわかっています。毎日、続けて肉や魚などの「主菜」を食べるようにしてください。

また、鉄にはヘム鉄と非ヘム鉄の2種類あります。ヘム鉄は肉や魚などの動物性食品に、非ヘム鉄は野菜や豆などの植物性食品や乳製品に多く含まれています。そして、体内で鉄を吸収しやすい形にかえてくれるのがビタミンCです。「副菜」の主材料となる野菜にはビタミンCが多く、特に緑黄色野菜には鉄も含まれています。つまり貧血予防には、「主菜」と「副菜」をしっかりとることが大切です。

 詳しくは p.56　 詳しくは p.57　 レシピ p.66　 レシピ p.75

けがを防ぐ食事って
ありますか？

　けがの発生には疲労の蓄積や体調不良など、多くの原因があげられます。けがをしない丈夫な体づくりをするためには、食事が大切ですので日常の食生活を見直しましょう。Q.2の「基本的な食事の形：主食、主菜、副菜、牛乳・乳製品、果物」が、けが予防の基本となります。「主食」は体を動かすエネルギー源となり、不足すると集中力が低下し、けがをしやすくなります。「主菜」は筋肉、血液などの材料となり、厳しい練習や試合での激しい衝撃に負けない体づくりに不可欠です。「副菜」は体の調子をととのえ、骨折や貧血の予防・改善に必要です。「牛乳・乳製品」は骨や筋肉を丈夫にし、骨折などのけがを予防します。「果物」は疲労回復、かぜの予防になります。

 詳しくは p.38
 詳しくは p.54
 詳しくは p.55
 詳しくは p.56
 詳しくは p.57
 レシピ p.69
 レシピ p.70
 レシピ p.74
 レシピ p.75
 レシピ p.76

かぜを防ぐためには
どうしたらよいですか？

　かぜを防ぐためには、①手洗い・うがい、②十分な睡眠、③基本の食事を朝・昼・夕の三食とる、④体を冷やさない、⑤乾燥を防ぐ、この５つが大事です。①は帰宅時・食事前に行ってください。②の睡眠不足や疲労の蓄積は体の免疫力低下につながります。③はエネルギーや栄養素をバランスよくとることができ、体調をととのえます。④は練習後・試合後には早めに着がえ、冬場は手袋・マフラー等を着用してください。⑤は加湿器やマスクを活用したり、ぬらしたタオルを室内にかけたり、水分をこまめにとったりするとよいでしょう。かぜや発熱時の食事は、うどんや雑炊、茶わん蒸しや湯豆腐、すりおろしたりんごなどの消化のよい料理を選ぶようにしてください。

詳しくは
p.57

サプリメントは必要ですか？

　成長期の子どもは、サプリメントに頼る必要はありません。サプリメントに頼ることは、練習でいうと、「基礎練習（普段の食事）」なしに「ウエアや道具（サプリメント）」に頼ることと同じです。基礎練習の積み重ねがなければ、いくらよいウエアや道具があっても勝利にはつながりません。まずは普段の食事を振り返って、見直す作業をしてください。必要なエネルギーや栄養素は食事から十分に補えます。見直し作業と確認は、栄養士の先生方に教えてもらいましょう。世界的に見ても、ジュニアアスリートのサプリメント利用については推奨されていません。むしろ食事から十分なエネルギーと栄養素をとり、そして水分補給を忘れないようにすることが重要といわれています。

詳しくは
p.58

将来スポーツ選手になるには どんな食事を心がければ よいですか？

　スポーツ選手にとって、勝つための特別な食事が存在するわけではありません。毎日の食事こそが、勝つための体づくりにつながっているのです。食事はQ.2にもある「基本的な食事の形：主食、主菜、副菜、牛乳・乳製品、果物」をそろえるように心がけてください。ただし、食事をとっているだけではスポーツ選手の体にはなりません。日々の練習がまずは大事なので、練習をしっかりと行いましょう。

　そのほか、睡眠と休養も大事です。練習、睡眠（休養）、食事（栄養）をスポーツ選手の三大原則といいます。毎日この３つを意識して日々の生活を過ごしてください。

 詳しくは p.28
 詳しくは p.38
 詳しくは p.54
 詳しくは p.58

トップアスリートの食事の調整

　国際大会に出場するトップアスリートのみなさんは、多くの場合、「年間でトレーニングを重点的に行う時期」と「試合が中心となる時期」、「練習も試合も休みとなる休養の時期」にわかれています。また、国内ばかりではなく海外で練習や試合を行う場合も多くあります。さらには体脂肪を減らしたい、筋肉量を増やしたいなどといった目的を持って練習に励んでいる場合も多く見られます。このように、トップアスリートのみなさんは、日常生活の目的と生活環境の違いがある中で過ごしています。

　そこで、何のために食べるのか、食事の目的を持つことが大切です。トップアスリートのみなさんは国内、海外での生活や食事の環境も異なる中で、日々漠然と食事を食べるのではなく、今、自分は何のために食べるのかを考え、その目的と環境に応じて食事の調整をしています。食事の調整のためには、体重や体調など、自分の体を振り返ることが必要になります。

第2章

ジュニアアスリートの食事の基本と食生活

　第2章では、成長期の子どもたちにとって大切な食事の基本と、将来にわたって活躍できる食生活についてまとめています。

食事は トレーニングの一部です

　スポーツで力を発揮するために、トレーニング（練習）は大切な時間です。そしてトレーニング（練習）と同じくらい大切なことが、食事（栄養）です。ここでは、自分に必要なエネルギー量や栄養素、栄養バランスのよい献立について考えてみましょう。そして、毎日の食生活できちんと実践できるように、記録する習慣をつけてください。

①食生活の記録をつけよう

　練習の成果をあげるためには、しっかりと自分自身の体調を管理することが重要です。毎日の練習日誌の中に食事の記録をつける欄を追加したり、食事日誌をつくったりしてみましょう。食事については、朝食、昼食、夕食を食べた「○」、食べなかった「×」などの簡単なものから、主食、主菜、副菜がそろったかどうかを確認するものなど、自分に合ったものを取り入れるようにします。食事内容だけではなく、体重、体調、睡眠、排便などを記録することによって、自分自身の体調をしっかり把握することができ、自己管理能力が身についてきます。

自己管理する力を身につけよう！

　将来、スポーツで活躍するためには、自己管理能力が求められます。例えば、選手として海外に遠征などに行った場合、日本とはまったく違う環境の中で自分の体調をととのえ、現地の食生活に適応したり、自分の必要なものを選択したりする力も大切になってきます。食生活を充実させてパフォーマンスを上げるためには、食の正しい知識を今から身につけるようにしましょう。

【記入例】

　p.29の表1「体調管理表」は、体重、食事、体調、睡眠時間、排便を簡単に記録できます。p.30の表2「食事内容表」は、朝食、昼食、夕食の内容をチェックできます。表1と表2は、このまま使っても、自分自身の生活に合わせてかえてもよいでしょう。自分に合ったやり方で活用してみてください。

	朝食	昼食	夕食	足りないもの・気づいたこと
10/26 (月)	主食 汁物 主菜 果物 副菜 牛乳・乳製品	主食 汁物 主菜 果物 副菜 牛乳・乳製品	主食 汁物 主菜 果物 副菜 牛乳・乳製品	朝、時間がなかったので、朝食はパンと牛乳だけだった
10/	主食 汁物	主食 汁物	主食 汁物	塾で遅くなったので、夕食

表は上記のQRコードから見られます。また少年写真新聞社のHPでダウンロードすることができます。

表1　体調管理表

年　　　月　　　　　　　　　　　氏名　　　　　　　　　　　　　　　　

トレーニングの目標

食事の目標

	体重	朝食	昼食	夕食	体調	睡眠時間	排便
1日	kg				○・△・×	時間　分	○・△・×
2日	kg				○・△・×	時間　分	○・△・×
3日	kg				○・△・×	時間　分	○・△・×
4日	kg				○・△・×	時間　分	○・△・×
5日	kg				○・△・×	時間　分	○・△・×
6日	kg				○・△・×	時間　分	○・△・×
7日	kg				○・△・×	時間　分	○・△・×
8日	kg				○・△・×	時間　分	○・△・×
9日	kg				○・△・×	時間　分	○・△・×
10日	kg				○・△・×	時間　分	○・△・×
11日	kg				○・△・×	時間　分	○・△・×
12日	kg				○・△・×	時間　分	○・△・×
13日	kg				○・△・×	時間　分	○・△・×
14日	kg				○・△・×	時間　分	○・△・×
15日	kg				○・△・×	時間　分	○・△・×
16日	kg				○・△・×	時間　分	○・△・×
17日	kg				○・△・×	時間　分	○・△・×
18日	kg				○・△・×	時間　分	○・△・×
19日	kg				○・△・×	時間　分	○・△・×
20日	kg				○・△・×	時間　分	○・△・×
21日	kg				○・△・×	時間　分	○・△・×
22日	kg				○・△・×	時間　分	○・△・×
23日	kg				○・△・×	時間　分	○・△・×
24日	kg				○・△・×	時間　分	○・△・×
25日	kg				○・△・×	時間　分	○・△・×
26日	kg				○・△・×	時間　分	○・△・×
27日	kg				○・△・×	時間　分	○・△・×
28日	kg				○・△・×	時間　分	○・△・×
29日	kg				○・△・×	時間　分	○・△・×
30日	kg				○・△・×	時間　分	○・△・×
31日	kg				○・△・×	時間　分	○・△・×

振り返り（評価）

来月の目標

表2　食事内容表

　　　　　年　　　月　　第　　　週　　　　　　　氏名 _____

今週のトレーニングの目標

今週の食事の目標

	朝食	昼食	夕食	足りないもの・気づいたこと
／ （月）	(主食) (汁物) (主菜) (果物) (副菜) (牛乳・乳製品)	(主食) (汁物) (主菜) (果物) (副菜) (牛乳・乳製品)	(主食) (汁物) (主菜) (果物) (副菜) (牛乳・乳製品)	
／ （火）	(主食) (汁物) (主菜) (果物) (副菜) (牛乳・乳製品)	(主食) (汁物) (主菜) (果物) (副菜) (牛乳・乳製品)	(主食) (汁物) (主菜) (果物) (副菜) (牛乳・乳製品)	
／ （水）	(主食) (汁物) (主菜) (果物) (副菜) (牛乳・乳製品)	(主食) (汁物) (主菜) (果物) (副菜) (牛乳・乳製品)	(主食) (汁物) (主菜) (果物) (副菜) (牛乳・乳製品)	
／ （木）	(主食) (汁物) (主菜) (果物) (副菜) (牛乳・乳製品)	(主食) (汁物) (主菜) (果物) (副菜) (牛乳・乳製品)	(主食) (汁物) (主菜) (果物) (副菜) (牛乳・乳製品)	
／ （金）	(主食) (汁物) (主菜) (果物) (副菜) (牛乳・乳製品)	(主食) (汁物) (主菜) (果物) (副菜) (牛乳・乳製品)	(主食) (汁物) (主菜) (果物) (副菜) (牛乳・乳製品)	
／ （土）	(主食) (汁物) (主菜) (果物) (副菜) (牛乳・乳製品)	(主食) (汁物) (主菜) (果物) (副菜) (牛乳・乳製品)	(主食) (汁物) (主菜) (果物) (副菜) (牛乳・乳製品)	
／ （日）	(主食) (汁物) (主菜) (果物) (副菜) (牛乳・乳製品)	(主食) (汁物) (主菜) (果物) (副菜) (牛乳・乳製品)	(主食) (汁物) (主菜) (果物) (副菜) (牛乳・乳製品)	

来週の食事の目標

※必要に応じて、汁物は副菜にまとめてもよいでしょう。

エネルギー不足は大敵

　活動量に見合った食事量を食べていないと、体は利用可能なエネルギー不足（p.56参照）の状態になります。利用可能なエネルギーが不足すると、男女問わず体の発育・発達や代謝、精神、骨など、全身へ悪影響を与え、競技力の低下をもたらします。特に女子の場合には利用可能なエネルギー不足の初期の頃には、初潮の遅れや月経不順、低骨量を引き起こすため、予防を心がけ、早期に把握して改善していくことが必要です。そのため、周囲の保護者や指導者、教員が利用可能なエネルギー不足に関する情報を把握し、何か心配なことがあれば、スポーツドクターやスポーツ栄養士などの専門家に相談するとよいでしょう。各地域在住の専門家を探す際には、（公財）日本スポーツ協会のホームページから検索できます。利用可能なエネルギー不足にならないためには、無理な食事制限をせず、「基本的な食事の形：主食、主菜、副菜、牛乳・乳製品、果物」をそろえることです。食事内容でよく見られるのは、ごはんやパンなどの主食を食べていないことです。主食は体を動かすエネルギー源になるため、毎食食べることが重要です。

②自分に必要な１日のエネルギー量は？

　成長期のみなさんは、毎日体も心も成長しています。この成長するためのエネルギーと、毎日勉強やスポーツで活動するためのエネルギーの両方が必要なため、多くのエネルギーが必要になります。ここでは、どのくらいのエネルギーが必要なのかを見てみましょう。

ジュニア期の推定エネルギー必要量の目安

基礎代謝基準値 **A**	×	体重 **B**	×	身体活動レベル **C**	+	成長に伴う組織増加分のエネルギー量 **D**

A 基礎代謝基準値（kcal ／ kg 体重／日）

性別	男性	女性
年齢（歳）	基礎代謝基準値	基礎代謝基準値
6～7	44.3	41.9
8～9	40.8	38.3
10～11	37.4	34.8
12～14	31.0	29.6
15～17	27.0	25.3

C 身体活動レベル（男女共通）

身体活動レベル 年齢（歳）	Ⅰ（低い）	Ⅱ（ふつう）	Ⅲ（高い）
6～7	1.35	1.55	1.75
8～9	1.40	1.60	1.80
10～11	1.45	1.65	1.85
12～14	1.50	1.70	1.90
15～17	1.55	1.75	1.95

※身体活動レベルⅠ（低い）は、生活の大部分を座って過ごし、静的な活動が中心の場合。身体活動レベルⅡ（ふつう）は、座って過ごすことが多いが、移動や買い物、軽いスポーツなどを含む場合。身体活動レベルⅢ（高い）は、立ったり移動したりすることが多く、活発な運動習慣がある場合。

D 成長に伴う組織増加分のエネルギー量（エネルギー蓄積量）

性別	男性	女性
年齢（歳）	エネルギー蓄積量（kcal ／日）	エネルギー蓄積量（kcal ／日）
6～7	15	20
8～9	25	30
10～11	40	30
12～14	20	25
15～17	10	10

A・C・Dの表 出典：「日本人の食事摂取基準（2020年版）」厚生労働省

12歳Aさんの場合【12歳・女子・体重40kg・身体活動レベルⅡ】

$$29.6 \times 40 \times 1.70 + 25 = 2037.8$$

$$\boxed{2038} \text{ kcal}$$

14歳Bさんの場合【14歳男子・体重55kg・身体活動レベルⅢ】

$$31.0 \times 55 \times 1.90 + 20 = 3259.5$$

$$\boxed{3260} \text{ kcal}$$

自分のエネルギー量を計算してみよう

p.32のACDの数値と体重から、自分に必要なエネルギー量を計算してみましょう。

$$\boxed{\text{A}} \times \boxed{\text{B}} \times \boxed{\text{C}} + \boxed{\text{D}}$$

わたしに必要なエネルギー量は？

$$= \boxed{} \text{ kcal}$$

推定エネルギー必要量（kcal ／日）

性別	男性			女性		
身体活動レベル	Ⅰ（低い）	Ⅱ（ふつう）	Ⅲ（高い）	Ⅰ（低い）	Ⅱ（ふつう）	Ⅲ（高い）
6～7歳	1,350	1,550	1,750	1,250	1,450	1,650
8～9歳	1,600	1,850	2,100	1,500	1,700	1,900
10～11歳	1,950	2,250	2,500	1,850	2,100	2,350
12～14歳	2,300	2,600	2,900	2,150	2,400	2,700
15～17歳	2,500	2,800	3,150	2,050	2,300	2,550
30～49歳	2,300	2,700	3,050	1,750	2,050	2,350

出典：「日本人の食事摂取基準（2020年版）」厚生労働省

❗ワンポイントアドバイス

　おとな（30～49歳）とくらべてみると、成長期のみなさんは、とても多くのエネルギーを必要としていることがわかります。おもな食品のエネルギー量は、p.39～p.41を参考にしてみてください。

③どんな栄養素が必要？

食品には、さまざまな栄養素が含まれています。「これを食べればパフォーマンスが上がる」などという食品はありません。基本は、毎回の食事でバランスよく食べて栄養素を体内にとり入れることです。

スポーツをしていても基本は栄養バランス！

栄養素には、炭水化物（糖質）、たんぱく質、脂質、ビタミン、ミネラル（無機質）があり、「五大栄養素」と呼ばれています。これらの栄養素は、体内でのおもな働きが違うため、いろいろな食品をバランスよく食べましょう。

五大栄養素

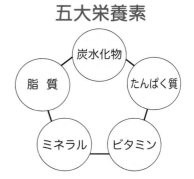

炭水化物・脂質・たんぱく質・ミネラル・ビタミン

📖 家庭科で学習する食品のグループを参考にしよう

「3つの食品のグループ」や「6つの基礎食品群」などを使って、栄養のバランスがとれているのかを確かめることができます。

たんぱく質	無機質（ミネラル）	ビタミン	炭水化物	脂質
おもに体の組織をつくり、エネルギーにもなる	おもに体の調子をととのえ、体の組織もつくる	おもに体の調子をととのえる	おもにエネルギーになる	おもにエネルギーになり、体の組織もつくる
たんぱく質は、筋肉や血液、内臓、皮膚、毛髪などをつくるもとになり、エネルギー源としても利用されます。	カルシウムは骨や歯をつくるもとになり、体のさまざまな機能を調節する働きもあります。鉄は血液の重要な成分です。	ビタミンAは目の働きを助け、皮膚を健康に保ちます。ビタミンCは傷の回復を早め、抵抗力を高めます。	炭水化物は、糖質と食物繊維にわけられます。糖質は体内でブドウ糖に分解されて、エネルギー源となります。	脂質は効率のよいエネルギー源になり、皮下脂肪として体温を保ちます。また、細胞膜の構成成分にもなります。

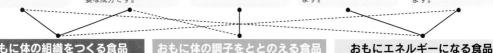

おもに体の組織をつくる食品 / **おもに体の調子をととのえる食品** / **おもにエネルギーになる食品**

1群	2群	3群	4群	5群	6群
魚・肉・卵・豆・豆製品	牛乳・乳製品・小魚・海藻	緑黄色野菜	そのほかの野菜・果物	穀類・いも類・砂糖	油脂
あじ / あさり / 豚肉 / とり肉 / 卵 / ソーセージ / 納豆 / 豆腐 / みそ	牛乳 / ヨーグルト / チーズ / 煮干し / しらす干し / ひじき / わかめ / のり	にんじん / トマト / ピーマン / ほうれんそう / さやえんどう / ブロッコリー / かぼちゃ / アスパラガス	キャベツ / レタス / たまねぎ / きゅうり / もやし / はくさい / みかん / りんご	ごはん / パン / もち / じゃがいも / うどん / さつまいも / スパゲッティ / 砂糖	油 / ごま油 / マヨネーズ / ドレッシング / バター
多く含まれている栄養素 **たんぱく質**	多く含まれている栄養素 **無機質**（カルシウムなど）	多く含まれている栄養素 **ビタミンA**（β-カロテン）	多く含まれている栄養素 **ビタミンC**	多く含まれている栄養素 **炭水化物**	多く含まれている栄養素 **脂質**

少年写真新聞社発行『給食ニュース』No.1599-2 を改編

五大栄養素を知ろう

炭水化物（糖質）

炭水化物は、糖質と食物繊維にわけられます。糖質は１g当たり４kcalのエネルギー源となり、体を動かすために大切な栄養素です。糖質が不足すると、疲労の原因になったり、脳のエネルギーも不足して集中力が低下したりするため、パフォーマンスが低下します。スポーツをする人もしない人も、まずは糖質の補給が重要になるのです。

糖質が多い食品

ごはん、パン、めん、もち、いも、豆、果物など

たんぱく質

たんぱく質は、筋肉や骨、皮膚、血液、内臓など、体のあらゆる組織をつくる栄養素です。体の機能の調節や神経伝達物質などをつくる役割もあります。体の組織のたんぱく質は、分解と合成が繰り返されながら、一定量を保っています。通常の食事では不足することはありませんが、成長期やスポーツをする人には大切な栄養素です。たんぱく質は１g当たり４kcalのエネルギー源になります。

たんぱく質が多い食品

魚介、肉、卵、大豆製品、乳製品など

脂質

脂質は１gで９kcalのエネルギーになる効率のよいエネルギー源です。また、細胞膜をつくる成分にもなります。体内で消化吸収され、脂肪酸とグリセリンに分解されます。脂肪にはいろいろな種類があり、魚などに含まれている不飽和脂肪酸と、肉などの脂に含まれる飽和脂肪酸があります。高エネルギーのため、摂取量に気をつけます。

脂質が多い食品

油、バター、肉、魚、乳製品、マヨネーズなど

ビタミン

ビタミンは、微量で体のさまざまな機能を調節する役割があります。種類によって働きが違い、スポーツをしている人にとって特に大切なビタミンはビタミンB群です。ビタミンB$_1$は糖質が体内でエネルギー源として利用される時に必要です。

ビタミンが多い食品

〈ビタミンB$_1$〉
豚肉、ハム、うなぎ、玄米、豆など

ミネラル（無機質）

ミネラルは、微量で体の構成成分になり、筋肉や神経の働きにもかかわっています。骨や歯をつくるカルシウムや、体内の細胞機能を支えているナトリウムやカリウム、血液中の酸素を運ぶ鉄など、種類も働きもさまざまです。

ミネラルが多い食品

〈カルシウム〉牛乳・乳製品、小魚、青菜、納豆など
〈鉄〉レバー、牛肉（赤身）、さば、まぐろ（赤身）、あさり、青菜など

1日に必要なおもな栄養素の量は？

出典：「日本人の食事摂取基準（2020 年版）」厚生労働省

炭水化物（％エネルギー） ※目標量は、p.33の推定エネルギー必要量に占める割合をあらわしています。

性別	男性	女性
年齢等	目標量	目標量
6〜7歳	50〜65%	50〜65%
8〜9歳	50〜65%	50〜65%
10〜11歳	50〜65%	50〜65%
12〜14歳	50〜65%	50〜65%
15〜17歳	50〜65%	50〜65%
30〜49歳	50〜65%	50〜65%

たんぱく質（推定平均必要量、推奨量、目安量：g／日、目標量：％エネルギー）
※目標量は、p.33の推定エネルギー必要量に占める割合をあらわしています。

性別	男性				女性			
年齢等	推定平均必要量	推奨量	目安量	目標量	推定平均必要量	推奨量	目安量	目標量
6〜7歳	25g	30g	−	13〜20%	25g	30g	−	13〜20%
8〜9歳	30g	40g	−	13〜20%	30g	40g	−	13〜20%
10〜11歳	40g	45g	−	13〜20%	40g	50g	−	13〜20%
12〜14歳	50g	60g	−	13〜20%	45g	55g	−	13〜20%
15〜17歳	50g	65g	−	13〜20%	45g	55g	−	13〜20%
30〜49歳	50g	65g	−	13〜20%	40g	50g	−	13〜20%

脂質（％エネルギー） ※目標量は、p.33の推定エネルギー必要量に占める割合をあらわしています。

性別	男性		女性	
年齢等	目安量	目標量	目安量	目標量
6〜7歳	−	20〜30%	−	20〜30%
8〜9歳	−	20〜30%	−	20〜30%
10〜11歳	−	20〜30%	−	20〜30%
12〜14歳	−	20〜30%	−	20〜30%
15〜17歳	−	20〜30%	−	20〜30%
30〜49歳	−	20〜30%	−	20〜30%

ビタミン

ビタミンB₁（mg／日）

性別	男性			女性		
年齢等	推定平均必要量	推奨量	目安量	推定平均必要量	推奨量	目安量
6～7歳	0.7mg	0.8mg	―	0.7mg	0.8mg	―
8～9歳	0.8mg	1.0mg	―	0.8mg	0.9mg	―
10～11歳	1.0mg	1.2mg	―	0.9mg	1.1mg	―
12～14歳	1.2mg	1.4mg	―	1.1mg	1.3mg	―
15～17歳	1.3mg	1.5mg	―	1.0mg	1.2mg	―
30～49歳	1.2mg	1.4mg	―	0.9mg	1.1mg	―

ミネラル（無機質）

カルシウム（mg／日）

性別	男性				女性			
年齢等	推定平均必要量	推奨量	目安量	耐容上限量	推定平均必要量	推奨量	目安量	耐容上限量
6～7歳	500mg	600mg	―	―	450mg	550mg	―	―
8～9歳	550mg	650mg	―	―	600mg	750mg	―	―
10～11歳	600mg	700mg	―	―	600mg	750mg	―	―
12～14歳	850mg	1,000mg	―	―	700mg	800mg	―	―
15～17歳	650mg	800mg	―	―	550mg	650mg	―	―
30～49歳	600mg	750mg	―	2,500mg	550mg	650mg	―	2,500mg

鉄（mg／日）

性別	男性				女性					
					月経なし		月経あり			
年齢等	推定平均必要量	推奨量	目安量	耐容上限量	推定平均必要量	推奨量	推定平均必要量	推奨量	目安量	耐容上限量
6～7歳	5.0mg	5.5mg	―	30mg	4.5mg	5.5mg	―	―	―	30mg
8～9歳	6.0mg	7.0mg	―	35mg	6.0mg	7.5mg	―	―	―	35mg
10～11歳	7.0mg	8.5mg	―	35mg	7.0mg	8.5mg	10.0mg	12.0mg	―	35mg
12～14歳	8.0mg	10.0mg	―	40mg	7.0mg	8.5mg	10.0mg	12.0mg	―	40mg
15～17歳	8.0mg	10.0mg	―	50mg	5.5mg	7.0mg	8.5mg	10.5mg	―	40mg
30～49歳	6.5mg	7.5mg	―	50mg	5.5mg	6.5mg	9.0mg	10.5mg	―	40mg

④基本の献立を覚えよう

献立は、主食、主菜、副菜を中心にして、汁物、牛乳・乳製品、果物をプラスします。

基本の献立

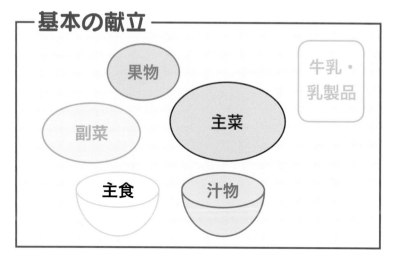

❗ ワンポイントアドバイス

まずは、基本の献立を覚えます。カレーライスやスパゲッティ、丼物など、一皿で済ませる料理の場合には、主菜と副菜が足りなくないかを、確認しましょう！

【おもにとれる栄養素】

主 食	米、パン、めんなどの穀類で、おもに炭水化物（糖質）をとることができます。主食は、おもなエネルギー源となるため、毎食しっかりとるようにします。	炭水化物　など
主 菜	魚や肉、卵、豆製品などを使った料理で、おもにたんぱく質や脂質をとることができます。肉ばかり、卵ばかりに偏らないよう、朝昼夕でバランスを考えます。	たんぱく質 脂質 ビタミンB群 食物繊維　など
副 菜	野菜、いも、海藻、きのこなどを使った料理で、おもにビタミンやミネラル、食物繊維などをとることができます。野菜は加熱するとかさが減るので工夫してとります。	ビタミンC カルシウム 鉄 食物繊維　など
汁 物	みそ汁やスープなどです。野菜、いも、きのこなどをたくさん入れると、副菜にもなります。水分補給や体調をととのえる役割があります。	たんぱく質 カルシウム 鉄　食物繊維　など
牛乳・乳製品	牛乳、チーズ、ヨーグルトなどからは、おもにカルシウムをとることができます。	たんぱく質 カルシウム　など
果 物	季節の果物などを工夫して取り入れます。果物からは、おもにビタミンCをとることができます。	炭水化物 ビタミンC　など

主食

ごはん

150g 約250kcal 5群

200g 約340kcal 5群

250g 約420kcal 5群

300g 約500kcal 5群

チャーハン 約540kcal 1群 4群 5・6群

ピラフ 約430kcal 1群 3・4群 5・6群

おにぎり

梅 約160kcal 2群 4群 5群

さけ 約170kcal 1・2群 5群

パン

食パン（6枚切り） 約160kcal 5群

食パン（8枚切り） 約130kcal 5群

ロールパン 約95kcal 5群

カレーパン 約250kcal 5・6群

メロンパン 約350kcal 5群

サンドイッチ 約350kcal 1・2群 4群 5・6群

めん

うどん 約420kcal 1群 4群 5群

そば 約300kcal 2群 5群

そうめん 約340kcal 5群

スパゲッティ 約530kcal 1群 3・4群 5・6群

焼きそば 約450kcal 1群 3・4群 5・6群

ラーメン 約450kcal 1群 3・4群 5・6群

※1群から6群は、34ページを参照してください。p.39 ～ 41のごはんと食パン以外のエネルギー量は目安です。料理の材料や分量によっても違いがありますので、ご了承ください。

主菜	魚			
	あじの塩焼き	刺身	さばのみそ煮	シーフードグラタン

	約130kcal	約120kcal	約220kcal	約350kcal
	1群	1群	1群	1·2群 3·4群 5·6群

肉

	牛肉のステーキ	豚肉のしょうが焼き	とり肉のから揚げ	ウインナーソーセージ ソテー

	約300kcal	約320kcal	約350kcal	約280kcal
	1群 6群	1群 4群 6群	1群 6群	1群 6群

卵

	目玉焼き	ゆで卵	スクランブルエッグ	卵焼き
	約100kcal	約80kcal	約130kcal	約130kcal
	1群	1群	1群	1群

豆・豆製品

	煮豆	ポークビーンズ	豆腐のステーキ	マーボー豆腐

	約150kcal	約200kcal	約250kcal	約260kcal
	1·2群 3·4群	1群 3·4群 6群	1群 4群 6群	1群 4群 6群

副菜	ほうれんそうの おひたし	煮物	ごぼうとにんじんの きんぴら	わかめときゅうりの 酢の物

	約30kcal	約80kcal	約90kcal	20kcal
	1群 3群	3·4群	3·4群 6群	2群 4群

副菜	野菜サラダ	蒸し野菜サラダ	ポテトサラダ	野菜炒め
	約40kcal	約50kcal	約200kcal	約100kcal
	3・4群	3・4群	3・4群 5群	3・4群 6群

汁物

みそ汁

豆腐とわかめ	青菜と油揚げ	なめこ	豚汁
約40kcal	約80kcal	約30kcal	約170kcal
1・2群 4群	1群 3群	1群 4群	1群 3・4群 5群

スープ

野菜スープ	ミネストローネ	野菜のポタージュ	卵スープ
約50kcal	約200kcal	約230kcal	約120kcal
3・4群	3・4群	3・4群	1群 4群

牛乳・乳製品

牛乳	ヨーグルト	チーズ	ヨーグルトドリンク
約140kcal	約60kcal	約80kcal	約160kcal
2群	2群	2群	2群

果物

りんご 1個	オレンジ 1個	バナナ 1本	いちご 5個
約180kcal	約60kcal	約90kcal	約30kcal
4群	4群	4群	4群

ジュニアアスリートが心がけたい食生活

　今、みなさんは心も体も成長している時期です。スポーツだけではなく、勉強したり友だちと遊んだりして、いろいろな経験をし、心身が発達しています。このような時期だからこそ、正しい食の知識を身につけて、実践できるようにすることが大切です。

　ここでは、どのような食生活をすればよいのかを考えてみましょう。

①一日三食をきちんととろう

　3回の食事は、単にエネルギーや栄養素を補給するだけでなく、生活リズムをととのえるためにも大切です。毎日なるべく決まった時間に栄養バランスのよい食事をしっかりとるようにします。朝、昼、夕の食事は、1日に必要なエネルギーや栄養素の1/3くらいずつを目安にとります。休日に寝坊して朝食を抜いたり、朝食と昼食の間の時間が短くなったりしないように気をつけます。

②朝ごはんをしっかりとろう

　朝、起きた時には体の中のエネルギーは低下した状態です。そこで、朝ごはんでしっかり補給することが大切です。朝ごはんを食べると、口の中から食道や胃、小腸などを通り消化吸収されて体が目覚め、血流もよくなり体温が上がります。そして、脳にもエネルギーが補給されて、集中力なども高まります。さらに毎日の排便習慣にもつながります。

■朝ごはんを食べる前と食べた後の体温変化のようす

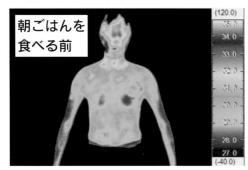

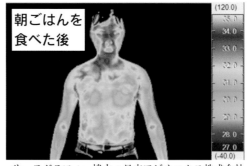

サーモグラフィー協力：日本アビオニクス株式会社

朝ごはんを食べた後（右）は、赤や黄色が多く、（表面）体温が上がっていることがわかります。

朝練の前でも必ず朝食を！

　早朝に練習などがある時や寝坊をしてしまった時などに、朝ごはんを抜いてしまう人がいます。朝ごはん抜きのまま練習をすると、エネルギー不足で集中力が低下し、練習にも悪影響が出てしまいます。時間がない時でも、手軽に食べられる食品を工夫してとるようにしましょう。

朝食を毎日食べる人は体力合計点が高い！

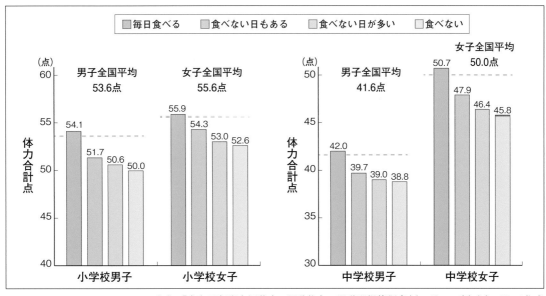

出典：「令和元年度全国体力・運動能力、運動習慣等調査」（スポーツ庁）を加工して作成

朝食を毎日食べる人は学力テストの平均正答率が高い！

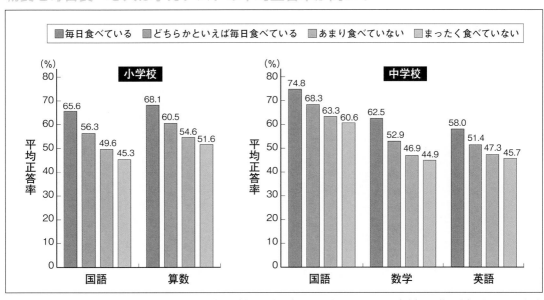

出典：「平成31年度（令和元年度）全国学力・学習状況調査」（文部科学省）を加工して作成

③給食を参考にしよう

学校給食は、必要なエネルギーや栄養素がしっかりとれるようにつくられています。

給食の献立表を見てみると、一食当たりどのくらいのエネルギー量で、どんな食品が使われているのか、また体の中での働きなどがわかりやすく書かれています。料理の内容も多様で、旬や地域の食材が取り入れられています。学校給食の献立を朝食や夕食でも取り入れてみましょう。

学校給食は1日に必要なエネルギー量の1/3がとれるように考えられています。また、不足しがちな栄養素のカルシウムは推奨量の50%をとることができます。栄養バランスがよい食事の見本となります。

大切な一食！　残すなんてもったいない

給食の献立は、望ましい栄養量がきちんと計算されていて、学年によって主食のごはんの量などが違います。献立は、みなさんの活動や成長に合わせたものなのです。ですから、好ききらいなどで給食を残すのは、とてももったいないことです。

児童又は生徒一人一回当たりの学校給食摂取基準

区分	基準値			
	児童（6歳～7歳）の場合	児童（8歳～9歳）の場合	児童（10歳～11歳）の場合	生徒（12歳～14歳）の場合
エネルギー	530kcal	650kcal	780kcal	830kcal
たんぱく質	学校給食による摂取エネルギー全体の13～20%			
脂質	学校給食による摂取エネルギー全体の20～30%			
ナトリウム（食塩相当量）	2g未満	2g未満	2.5g未満	2.5g未満
カルシウム	290mg	350mg	360mg	450mg
マグネシウム	40mg	50mg	70mg	120mg
鉄	2.5mg	3mg	4mg	4mg
ビタミンA	170μgRAE	200μgRAE	240μgRAE	300μgRAE
ビタミンB₁	0.3mg	0.4mg	0.5mg	0.5mg
ビタミンB₂	0.4mg	0.4mg	0.5mg	0.6mg
ビタミンC	20mg	20mg	25mg	30mg
食物繊維	4g以上	5g以上	5g以上	6.5g以上

注1　表に掲げるもののほか、次に掲げるものについても示した摂取について配慮すること。

亜鉛
児童（6歳～7歳）2mg、児童（8歳～9歳）2mg、児童（10歳～11歳）2mg、生徒（12歳～14歳）3mg

注2　この摂取基準は、全国的な平均値を示したものであるから、適用に当たっては、個々の健康及び生活活動等の実態並びに地域の実情等に十分配慮し、弾力的に運用すること。

注3　献立の作成に当たっては、多様な食品を適切に組み合わせるよう配慮すること。

出典：「学校給食実施基準」文部科学省

④補食を上手に利用しよう

　スポーツをしている人にとって、補食は重要な食事です。練習後、食事まで時間があいてしまう場合にとったり、消費エネルギー量が高いスポーツをしている人が食事ではとりきれないエネルギーや栄養素を補ったり、さまざまな目的で補食を利用します。

食事ではとりきれない
エネルギーや栄養素補給を！

　補食は朝食・昼食・夕食だけではとりきれないエネルギーや、炭水化物、たんぱく質、ビタミン、ミネラルなどの栄養素を補給する食事です。また、練習後に食事まで時間があいてしまう時や、試合と試合の間などに補食をとることは、疲労回復やコンディションの調整にも効果的です。

補食＝お菓子ではありません！

　補食は食事の一部で、お菓子を食べることではありません。スナック菓子やカップめん、炭酸飲料などは補食には向いていません。

　補食では、おにぎりやサンドイッチ・バナナなどの炭水化物を補給できる食品、肉まん・フランクフルトなどのたんぱく質を補給できる食品、牛乳・ヨーグルト・チーズなどのカルシウムを補える食品、果物・果汁100％のジュース・野菜スティックなどのビタミン類を補える食品をとるようにします。

とるタイミングが重要です

　練習後に夕食まで時間があいてしまう場合や、練習や試合の約２時間前などには補食をとります。くれぐれも補食をとりすぎて食事の量が少なくならないように、気をつけなければなりません。

■夕食まで時間があいてしまう場合　※ほかにも適切な水分補給が必要です。

■活動量が多い人の場合（午前・午後の練習がある日）　※ほかにも適切な水分補給が必要です。

❗**ワンポイントアドバイス**　試験期間中や長期休暇などで練習がない時は、補食を調整（減らす・なくすなど）してエネルギー量を減らしましょう。

⑤水分補給の大切さを知ろう

人間の体にとってとても大切な水分

　人間（成人）の体の約60％は水分で、体の中で循環してわたしたちが生きていくためにとても大切な働きをしています。60kgの体重の人の場合、36Lくらいの水分が体内にあり、飲食などで入ってくる水分と汗や排泄（はいせつ）などで出ていく水分が、バランスよく保たれています。汗をかくことによって、上昇した体温を下げて一定の体温に保ってくれます。

60%は水分!!

熱中症のリスクを知ろう

　近年、夏場の気温の上昇の影響で、熱中症で救急搬送される人が増えています。熱中症とは、気温や湿度が高い時に、運動などで大量に発汗し、脱水や塩分欠乏が起きたり、体温を保つ機能自体が破綻してしまったりする障害のことをいいます。熱中症は、めまいや頭痛、吐き気などの症状が出て、重症になると高体温や意識障害、全身のけいれんなどが起き、死に至るほど危険です。体重の２％の脱水が起きると体温調節機能や運動機能が低下するといわれていますので、注意が必要です。

熱中症予防運動指針

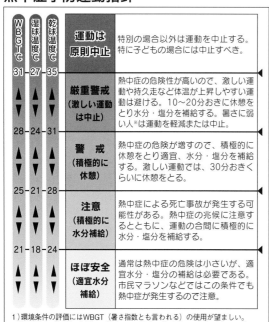

WBGT℃	湿球温度℃	乾球温度℃		
31	27	35	運動は原則中止	特別の場合以外は運動を中止する。特に子どもの場合には中止すべき。
28	24	31	厳重警戒（激しい運動は中止）	熱中症の危険性が高いので、激しい運動や持久走など体温が上昇しやすい運動は避ける。10～20分おきに休憩をとり水分・塩分を補給する。暑さに弱い人※は運動を軽減または中止。
25	21	28	警戒（積極的に休憩）	熱中症の危険が増すので、積極的に休憩をとり適宜、水分・塩分を補給する。激しい運動では、30分おきくらいに休憩をとる。
21	18	24	注意（積極的に水分補給）	熱中症による死亡事故が発生する可能性がある。熱中症の兆候に注意するとともに、運動の合間に積極的に水分・塩分を補給する。
			ほぼ安全（適宜水分補給）	通常は熱中症の危険は小さいが、適宜水分・塩分の補給は必要である。市民マラソンなどではこの条件でも熱中症が発生するので注意。

1）環境条件の評価にはWBGT（暑さ指数とも言われる）の使用が望ましい。
2）乾球温度（気温）を用いる場合には、湿度に注意する。湿度が高ければ、1ランク厳しい環境条件の運動指針を適用する。
3）熱中症の発症のリスクは個人差が大きく、運動強度も大きく関係する。運動指針は平均的な目安であり、スポーツ現場では個人差や競技特性に配慮する。
※暑さに弱い人：体力の低い人、肥満の人や暑さに慣れていない人など。

出典：「熱中症予防のための運動指針」公益財団法人 日本スポーツ協会

部活動中の熱中症死亡数

※学校の管理下における熱中症死亡事例の発生状況
（1975年～2017年）

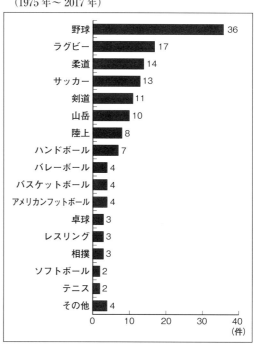

競技	件数
野球	36
ラグビー	17
柔道	14
サッカー	13
剣道	11
山岳	10
陸上	8
ハンドボール	7
バレーボール	4
バスケットボール	4
アメリカンフットボール	4
卓球	3
レスリング	3
相撲	3
ソフトボール	2
テニス	2
その他	4

（件）

平成30年度スポーツ庁委託事業
学校における体育活動での事故防止対策推進事業
出典：「熱中症を予防しよう―知って防ごう熱中症―」
　　　独立行政法人 日本スポーツ振興センター学校安全部

熱中症を防ぐためには

熱中症を防ぐためには、その日の温度や湿度などと共に、自分自身の体調をしっかりと見極めることが大切です。

1）こまめに適切な水分補給をする

運動前後や運動中に、こまめに水分補給を行います。水分補給は0.1〜0.2%程度の食塩水（またはスポーツドリンクなど）をとるようにします。また、水分補給と共にこまめに休憩を取り入れます。

2）「熱中症予防運動指針」を参考に運動を行う

「熱中症予防運動指針」はWBGT（Wet-Bulb Globe Temperature 湿球黒球温度）に基づいた運動の目安です。気温だけではなく湿度の高い日も注意が必要です。

3）暑さには徐々に慣らしていく

熱中症は急に暑くなった時に多く発生しています。これは暑さに慣れていないためで、暑さに対応できるように徐々に体を慣らしていきます。

4）自分自身の体力や体調を考える

人によって、体力が高い低い、体重が多い少ないなど、さまざまです。自分自身の体調や健康状態をしっかりと見極めて、体調が悪い時は無理をしないようにしましょう。

5）適切な服装や帽子の着用をする

夏場に運動をする際は軽装にして、通気性や透湿性がよいものを選びます。また、直射日光を浴びる屋外では、帽子を着用するようにします。

6）具合が悪くなったらすぐに必要な処置をする

体調が悪くなったらすぐに運動を中止し、涼しい場所で衣服を緩め、体を冷やすなどの必要な処置を行います。意識障害や言動がおかしいような場合は、すぐに救急車を要請します。

※ WBGT（湿球黒球温度）とはWet-Bulb Globe Temperatureの略で、気温、湿度、輻射熱、気流の4つの要素を取り入れた指標のことです。

適切な水分補給とは？

水分補給は少量をこまめにとることが大切です。運動の前に250〜500mLくらいを補給し、運動中には1回200〜250mLくらいの水分を2〜4回くらいにわけて、こまめに補給します（1時間に500〜1000mLくらいを目安に）。温度は5〜15℃程度の冷水で、0.1〜0.2%くらいの食塩水が適しています。食塩水では飲みにくい場合は砂糖を加えましょう。

大量の汗をかいた時の水分補給に

◎ 適したもの

0.1〜0.2%の食塩水（飲みにくい時は4〜8%の糖分を加える）、スポーツ飲料など。

✕ 適さないもの

緑茶、紅茶、コーヒーなどのカフェインが入ったもの、炭酸飲料など。

⑥試合前・試合当日・試合後の食事

　試合では日頃の練習の成果を発揮するために、最高のパフォーマンスで臨むことが大切です。そのためにも、どんな食事をとればよいのかを考えてみましょう。

■試合の前日は

「勝つ」という縁起担ぎから「とんかつ」などを食べていませんか？　揚げ物は脂質が多いため、前日には避けたい食事です。試合の前日は、いつも通りに栄養バランスのよい食事を心がけ、炭水化物が多い主食は多めに食べます。そして脂質の多い揚げ物などは控えます。また、すしや刺身などの生ものや食べ慣れない料理も避けるようにしましょう。

◎ 積極的にとりたいもの	✕ 避けた方がよいもの
栄養バランスがよい食事で主食が多め	揚げ物、脂身の多い肉、スナック菓子やケーキなど

■試合の当日は

　前日と同様、炭水化物を多めに脂質を少なめにとります。また、試合の３時間くらい前までに食事を済ませておくようにします。

❶ワンポイントアドバイス

　試合の前日や当日に主食（炭水化物）を多めにした場合は、主菜を少なめにするなど、バランスを考えるようにしましょう。

■試合当日の食事例

■試合が何回もあって昼食がきちんととれない場合

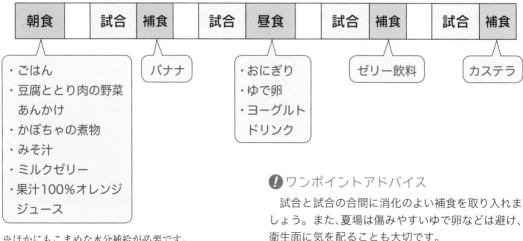

| 朝食 | | 試合 | 補食 | | 試合 | 昼食 | | 試合 | 補食 | | 試合 | 補食 |

朝食
・ごはん
・豆腐ととり肉の野菜あんかけ
・かぼちゃの煮物
・みそ汁
・ミルクゼリー
・果汁100%オレンジジュース

補食　バナナ

昼食
・おにぎり
・ゆで卵
・ヨーグルトドリンク

補食　ゼリー飲料

補食　カステラ

※ほかにもこまめな水分補給が必要です。

❶ワンポイントアドバイス

　試合と試合の合間に消化のよい補食を取り入れましょう。また、夏場は傷みやすいゆで卵などは避け、衛生面に気を配ることも大切です。

■試合後の夕食は

　試合後の夕食は、試合の疲れを取り心身を回復させるためのリカバリー食として重要です。栄養バランスのよい食事は基本ですが、疲労度が高い時は内臓も疲れている場合があるので、なるべく消化のよいものにします。また、たんぱく質がしっかりとれてビタミンB₁が豊富な豚肉や大豆製品、ビタミンB₁の吸収をよくする成分を含むたまねぎやにらなどを上手に取り入れます。

試合後の夕食例

主食	：ごはん
主菜	：豚肉のしょうが焼き
副菜	：蒸し野菜サラダ
汁物	：豆腐とわかめのみそ汁
牛乳・乳製品	：牛乳
果物	：オレンジ、キウイフルーツ

❗ワンポイントアドバイス
　試合後はできるだけ早めに、炭水化物やたんぱく質を補給するようにしましょう。夕食まで時間があいてしまう場合は、補食で調整します。

■十分な休養も大切です！

　疲労を回復させるためには、食事と共に十分な休養も必要です。入浴によって心身をリラックスさせて、十分な睡眠をとります。食事は就寝時間の2～3時間前には終わらせ、暗い部屋でぐっすりと眠るようにします。

■帰宅後の過ごし方例

18:30	19:00		22:00	
帰宅	夕食	入浴など	就寝	

・ごはん
・八宝菜
・ひじきの煮物
・みそ汁
・フルーツ入りヨーグルト

❗ワンポイントアドバイス
　牛乳・乳製品と果物をとる際には、「フルーツ入りヨーグルト」や「いちごミルクスムージー」、「オレンジ入りミルクゼリー」など、乳製品と果物を同時にとれるものにすると、簡単で効率よく栄養素を摂取できます。

⑦スポーツ別食事のポイント

基本は栄養バランスのよい食事＋スポーツの特性

どんなスポーツ選手でも、栄養バランスのよい食事が基本となります。献立の基本、「主食、主菜、副菜、汁物、牛乳・乳製品、果物」がそろっていると、栄養バランスがととのいます。そのうえで、消費エネルギーが多いスポーツ、筋力をたくさん使うスポーツなど、競技の特性を考えた内容にします。

スポーツの特性を考えつつ

成長期ならではの栄養補給を！

スポーツにはさまざまな種類があり、それぞれのスポーツによって、運動量や時間、使う筋肉が違います。またスポーツをする人の年齢、性別、体力や技術力、経験年数も違います。同じ陸上でも100mなどの種目と3000mなどの種目とでは、トレーニング内容が異なるように、成人の場合は食事内容などにも違いが出てきます。ただし、現在、成長期のみなさんは、心身の成長と体づくりが重要なため、食事からきちんと栄養をとり、好ききらいをせずにしっかり食べることが、体力の向上とけがを防ぐことにつながります。

体重を増やしたい人へ

体重を増やしたいけれど「なかなか体重が増えない」「たくさん食べられない」、「運動量が多くて逆に体重が減ってしまう」人がいますが、エネルギー不足や栄養素不足に陥ってしまわないように気をつけなければなりません。まずは、三食しっかり食べるようにします。欠食は避けましょう。朝、起きられなくて朝食抜きで運動を始めると、エネルギー不足でパフォーマンスも上がりません。一食の量が多くて食べられない場合は、食事の量を減らして食事回数を増やしたり間食で補ったりします。また、献立を工夫してエネルギー量を高める方法もあります。とり肉100gを食べる場合、ささみなら約110kcalですが、もも肉なら約200kcalになります。豆腐1/2丁（約200g）では、冷やっこなら約160kcalですが、豆腐ステーキにすると約250kcalになります。

■持久系の競技の場合

●陸上（長距離）
●水泳（長距離）
●スキー（クロスカントリー）　など

大切な栄養素　炭水化物　ビタミンB₁　鉄　ビタミンCなど

●炭水化物をしっかりとる
●エネルギーの代謝に大切なビタミンB₁をとる
●鉄やビタミンCなどをとる

　持久系の競技は、長時間にわたって運動をするため、エネルギーの消費量が多くなります。そこで、炭水化物（糖質）をしっかりとるようにします。また、糖質をエネルギー源にかえるために大切なビタミンB群、特にビタミンB₁も大切です。そして、貧血を防ぐための鉄や、鉄の吸収率を高めるビタミンCを積極的にとるようにします。

しっかりとりたい食品

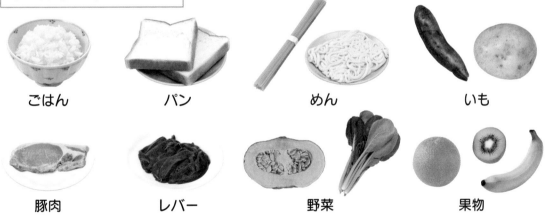

ごはん　　パン　　めん　　いも

豚肉　　レバー　　野菜　　果物

献立の組み合わせ例

主食：ごはん
主菜：豚肉のしょうが焼き
副菜：ポテトサラダ
汁物：青菜と油揚げのみそ汁
牛乳・乳製品：ヨーグルト
果物：オレンジ、キウイフルーツ

■ 瞬発系の競技の場合

- ●陸上（短距離）
- ●水泳（短距離）
- ●体操　など

大切な栄養素	たんぱく質　炭水化物　カルシウム　ビタミンCなど

- ●筋肉をつくるたんぱく質をしっかりとる
- ●炭水化物もきちんととる
- ●丈夫な骨をつくるカルシウムをとる

　瞬発系の競技は、強い筋力を使うため、筋肉の材料となるたんぱく質をしっかりとります。たんぱく質は、魚介、肉（赤身）、卵、大豆製品などに多く含まれています。また、強い骨をつくるカルシウムも重要です。

しっかりとりたい食品

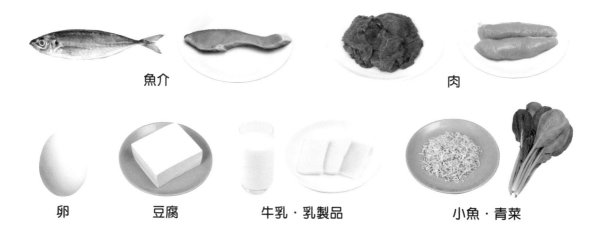

魚介　　　　　　　　　　　　　　肉

卵　　　　豆腐　　　　牛乳・乳製品　　　　小魚・青菜

献立の組み合わせ例

主食	：ごはん
主菜	：牛肉（赤身）のステーキ
副菜	：野菜サラダ
汁物	：ミネストローネ
牛乳・乳製品	：牛乳
果物	：いちご

■ 混合系の競技の場合

- ●サッカー
- ●野球
- ●バスケットボール
- ●バレーボール
- ●卓球
- ●テニス　など

| 大切な栄養素 | 炭水化物　たんぱく質　ビタミン（ビタミンB₁、ビタミンC）ミネラル（カルシウム、鉄）など |

- ●エネルギー源になる炭水化物をきちんととる
- ●筋肉をつくるたんぱく質をしっかりとる
- ●ビタミンやミネラルもバランスよくとる

　混合系の競技は、持久系と瞬発系の両方の特色があります。エネルギー消費のための炭水化物、強い筋肉をつくるたんぱく質をはじめ、ビタミンやミネラルもバランスよくとるようにします。

しっかりとりたい食品

ごはん・パン・めん・いも　　　　魚介・肉　　　　豆・豆製品

レバー　　　牛乳・乳製品　　　　野菜　　　　果物

献立の組み合わせ例

主食	：ごはん
主菜	：さばのみそ煮
副菜	：ほうれんそうのおひたし
汁物	：豚汁
牛乳・乳製品	：フルーツ入りヨーグルト
果物	：みかん

将来にわたって活躍できる体をつくろう

みなさんの人生はまだ始まったばかりです。人生100年時代、これから80年以上生きていく中で、世界で活躍するアスリートになる人も、日常生活の中でスポーツを続けていく人もいると思います。みなさんが健康で楽しくスポーツをし続けていくために、何をすればよいのかを知り、今から心がけておきたいことについて考えてみましょう。

①トレーニング・食事・休養のバランスが大事

みなさんは、トレーニング（練習）と同じくらい食事が大切であることを理解したと思います。そして、もう一つ大切なことが休養です。休養とは、十分な睡眠などで体を休めることです。スポーツでパフォーマンスを上げるためには、「トレーニング」「食事」「休養」の3つがバランスよくとれていることが重要です。

睡眠はこんなに大切！

睡眠にはさまざまなよい点があります。ここにあげた以外にも、やる気をもたらし、感情を安定させる働きがあります。睡眠の大切さを理解して、早寝早起きを心がけましょう。

1）成長ホルモンを分泌させる

骨や筋肉を成長させる成長ホルモンは、寝ている間の夜間に活発に分泌されます。睡眠不足では、骨や身長の伸びを阻害する原因になってしまいます。

2）疲労を回復させる

食事と同様、十分な睡眠は疲労回復の基本です。睡眠不足では免疫力が下がるともいわれています。睡眠不足では、どんなに練習をしても、よいパフォーマンスにつながりません。

3）生活リズムをととのえる

人の体には「体内時計」という1日24時間より少し長いリズムがあります。これを24時間に調整するためには早寝早起きで十分な睡眠が大切です（ほかにも朝の光や朝食も大切）。

4）肥満を予防する

睡眠不足は、成長ホルモンの分泌を抑制し、肥満の原因の一つになることがわかっています。また、生活習慣病にもかかりやすいといわれています。

5）記憶力を高める

人は眠っている間に、記憶の整理や定着を行っています。これは勉強したことだけではなく、スポーツで練習した内容（技能など）を脳に定着させることにもつながります。

②骨量を増やすのは成長期の今！

骨量は10代で急速に増加し、20歳前後で最大になります。一生の骨の量が決まるのは、まさに成長期の今なのです。

成長期の今が骨量を増やすチャンス！

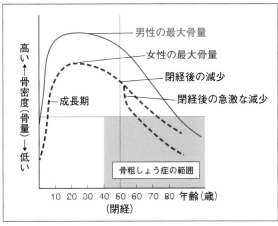

出典：公益財団法人 骨粗鬆症財団 HP

左のグラフは、腰の骨の骨密度（骨量）の変化をあらわしたものです。成長期にどんどん骨量が増えていることがわかります。

※骨粗しょう症とは、長年の生活習慣などによって、骨の量が減ってすかすかになり、骨折しやすくなっている状態のことをいいます。

けがをしにくい体づくりを

まずは、食事からしっかり栄養をとり運動をして、丈夫な骨や筋肉をつくることが大切です。そしてトレーニングの際には万全の体調で臨むようにします。睡眠不足だったり体調が悪かったりすると、集中力が欠け、けがの原因にもつながります。ゲームなどで夜遅くまで起きていたり、朝食を抜いてしまったりすると、トレーニングに影響します。今のうちから、けがをしない体づくりと習慣を身につけるように心がけます。

骨づくりに大切な栄養素

骨の形成に役立つ栄養素はカルシウムです。カルシウムは不足しがちな栄養素なので、毎回の食事からきちんととれるように工夫します。また、カルシウムの吸収を助けるビタミンDや、吸収したカルシウムを骨に取り込むビタミンKをしっかりとります。

カルシウムを多く含む食品

牛乳・乳製品

小魚　　青菜

ビタミンDを多く含む食品

いわし　　さけ

干ししいたけ　　まいたけ

ビタミンKを多く含む食品

納豆

青菜

55

③貧血に気をつけよう

貧血になると、めまいやふらつき、息切れ、疲労感など、さまざまな症状があらわれ、スポーツをするうえでも日常生活を送るうえでも、悪影響が出ます。このような症状がみられる場合は、おとなの人に相談し、症状が改善しない時は病院に行きましょう。

アスリートは貧血になりやすい？

スポーツをしている人は、貧血になりやすいといわれていて、スポーツ貧血やアスリート貧血などとも呼ばれます。鉄の多くは体内の血管（赤血球をつくるヘモグロビン）にあって、ヘモグロビンは血管内で酸素を運ぶ役目があります。運動量が多い場合、酸素を多く取り入れるため、鉄も多く必要になります。また、汗を多くかいて鉄が失われてしまうこともあります。そのうえ、長い間走ったり、ジャンプを繰り返したり、強く踏み込んだりする動作は、足底に強い衝撃がかかり、赤血球が破壊されて貧血になりやすいといいます。

貧血の原因はさまざまです！

スポーツ選手の貧血には、おもに鉄が不足して起こる「鉄欠乏性貧血」と必要なエネルギーが得られていないために起こる「エネルギー不足による貧血」のほか、「希釈性貧血」（血液中の水分量が多くなりヘモグロビンの濃度が下がる）、「溶血性貧血」（足底への衝撃によって赤血球が破壊される）などがあります。

鉄不足　エネルギー不足　希釈性貧血　溶血性貧血

女子アスリートにみられる健康問題

月経がある女子アスリートは、より多くの鉄が必要になります。鉄の摂取不足が続くと「鉄欠乏性貧血」となり、月経不順になる可能性があります。また、女性アスリート特有の健康問題に、女性アスリートの三主徴（Female Athlete Triad ／ FAT）があります。これは、「利用可能なエネルギー不足」、「月経障害（無月経）」、「骨粗しょう症」の3つのことです。利用可能なエネルギー不足とは、「運動によるエネルギー消費量に見合ったエネルギー摂取量が食事から摂取できていない状態」を意味しており、三主徴のはじまりといわれ、月経機能の回復には数か月かかるといわれています。このような状態は、スポーツのパフォーマンスの低下のみならず、体への悪影響が心配されます。成長期の今は、毎食ごはんなどの主食をしっかり食べてエネルギーをとり、鉄を多く含んだ食品はもちろんのこと、たんぱく質やビタミン、ミネラルを十分に摂取するようにしましょう。

貧血を防ぐために

■鉄欠乏性貧血の場合

　鉄を多く含む食品をしっかりとります。鉄を多く含む食品は、赤身の肉やレバー、かつお、いわしの丸干し、あさり、納豆、こまつな、ほうれんそうなどに多く含まれています。そして、鉄と共にたんぱく質やビタミンCも大切な栄養素です。赤血球の寿命は約120日といわれています。鉄が多くとれる食生活を続けるようにしましょう。

鉄を多く含む食品

牛肉（赤身）　レバー　まぐろ（赤身）　かつお　あさり　納豆　こまつな

■エネルギー不足が原因の場合

　利用可能なエネルギーが不足した状態になると、筋力や持久力が低下したり、骨の健康や成長に悪影響が出たりします。そして、女性の場合、月経の機能障害や無月経も起きています。

　疲れやすい、めまいがする、息切れがするなどと感じている人は、まずは食事の量が足りているか、自分の食生活を振り返ってみましょう。エネルギー不足を解消するためには、毎日三食、栄養バランスのよい食事をきちんととることが大切です。基本の献立はp.38を参考にしてみてください。

※また、足底などに強い衝撃がある「溶血性貧血」の場合は、シューズの底を厚くするなど、衝撃をやわらげることも有効です。

④感染症を防いで体調をととのえよう

　2020年、新型コロナウイルス感染症が世界中で流行しています。感染症を防ぐために自分でできることは、石けんを使った丁寧な手洗いやうがいをする、マスクをする、人ごみを避けることです。そして、体の抵抗力を高めるために、栄養バランスのよい食事と共に、十分な休養と睡眠をとります。

　また、適度な運動は抵抗力を高めますが、激しい運動は逆に抵抗力を低下させ、かぜなどの感染症にかかりやすくなります。試合などで力を発揮するためにも体調管理をしっかりして、万全の状態で臨むようにしましょう。

かぜなどの感染症を防ぐために

マスク　手洗い　うがい　食事　睡眠

⑤サプリメントについて考えてみよう

本当に必要ですか？

　サプリメントなどの健康食品は、食事では
とりきれない栄養素を補うものです。必要な
エネルギーや栄養素は、食事からとるのが基
本で、成長期にあるみなさんには、サプリメ
ントは必要ありません。

アスリートは食事が基本です！

　今までこの本を読んできたあなたは、毎日の
食事がとても大切なことを十分理解されている
かと思います。主食、主菜、副菜がきちんとと
れて、そのうえで汁物や牛乳・乳製品、果物が
あると、栄養バランスがととのいます。毎日の
食事からの栄養摂取をきちんと考えて、実践し
ていきましょう。

⑥自分の体に入れるものを意識しよう

　将来、アスリートとして活躍するためには、試合で最高
のパフォーマンスを発揮できるように、あらゆる努力が必
要です。そして、トレーニングと同様に、食事や休養など
で体調管理を行うことも大切です。将来、体調が悪くて薬
を飲んだ時に、その中の成分にドーピングにかかわる物質
が含まれているかもしれません。世界で活躍する選手は、専
門家に相談するなど、自分が飲んだり食べたりするものに、
細心の注意をはらっています。

専門家に
相談する

　スポーツ基本法の前文には、「スポーツは、次代を担う青少年の体力を向上させ
るとともに、他者を尊重しこれと協同する精神、公正さと規律を尊ぶ態度や克己心
を培い、実践的な思考力や判断力を育む等人格の形成に大きな影響を及ぼすもので
ある」とあります。スポーツを通して、みなさんの人生がすばらしいものとなりま
すように……。

第3章

ジュニアアスリートの
ためのレシピ

第3章では、ジュニアアスリートのため
のレシピを紹介します。手軽につくれるの
で、毎日の食事に取り入れてみませんか？

朝ごはん

朝ごはんは1日の始まりに食べる大切な食事です。英語ではbreakfastといい、「断食をやめる」という意味があります。起きたばかりでは、体と脳はエネルギーが低下した状態です。朝からしっかり動けるように朝ごはんでエネルギーと栄養素を補給しましょう！

朝ごはんのポイント

① 炭水化物（糖質）など、エネルギー補給になるものを中心に
② 簡単に用意ができるものを選ぶ
③ 早起きをして時間に余裕を持たせる
④ なるべく家族のだれかと一緒に食べる

簡単に用意できて
バランスもととのう！ **組み合わせ例** ※11歳男子、身体活動レベルⅢで、
一食を約750kcalに設定した場合。

ごはん (250g) 　　　 納豆　　　　　　　 豚汁
　　　　　　　（1パック／チーズ入り）

約420kcal 　　　　 約150kcal 　　　　 約180kcal 　　　 = 約750kcal

ごはんを主食にした組み合わせ例です。エネルギー量を増減する方法のひとつは、ごはんの量の調節で、300gにすると約830kcalに、200gにすると670kcalになります。

食パン　　　　　　　　　　　　　　　　牛乳
（6枚切り2枚／ジャム20g） ハムエッグ・野菜

約360kcal 　　　　 約230kcal 　　　　 約140kcal 　　　 = 約730kcal

パンを主食にした組み合わせ例です。食パンを3枚（ジャム30g）にすると約920kcalに、食パンを1枚（ジャム10g）にすると550kcalになります。

主食が
ごはん

簡単！ ワンプレート朝ごはん

忙しい朝でもしっかりとりたいごはん食のおすすめレシピ！

とり肉きのこ炒めプレート

材料（1人分）
ごはん 250g　とりひき肉 100g　しめじ 30g
まいたけ 30g　えのきたけ 30g
おろししょうが 小さじ 1/2
ごま油 小さじ 1/2
A ┌ しょうゆ 大さじ 1/2
　└ 砂糖 大さじ 1/4
卵 1個　ごま油 小さじ 1/2
サニーレタス 30g
ミニトマト 30g

つくり方
①きのこはほぐして、ざく切りにする。レタスは一口大に、ミニトマトは半分に切る。
②フライパンにごま油を熱して、とりひき肉としょうがを炒める。肉に火が通ったら、①のきのことAを加えて炒める。
③フライパンにごま油を熱し、目玉焼きをつくる。
④皿にごはんを盛りつけ、②をかける。目玉焼きをのせ、レタスとミニトマトを添える。

エネルギー量	764kcal

たんぱく質 33.5g　脂質 22.4g　炭水化物 104g　カルシウム 68mg　マグネシウム 72mg　鉄 3.3mg　ビタミンA 190µg　ビタミンB₁ 0.37mg　ビタミンB₂ 0.63mg　ビタミンC 17mg　食物繊維 7.9g　食塩相当量 1.6 g

カラフル3色プレート

材料（1人分）
ごはん 250g　さけ 100g　卵 1個
ほうれんそう 50g　にんじん 10g
A ┌ すりごま 大さじ 1
　│ 砂糖 小さじ 1
　└ しょうゆ 小さじ 1
サラダ油 小さじ 1
刻みのり 適量
塩・こしょう 少々

つくり方
①さけは塩焼きにして骨を取り除きながらほぐす。ほうれんそうはゆでて水気を切ってざく切りにし、にんじんは細切りにしてゆでる。
②①のほうれんそうとにんじんをボウルに入れて、Aで味をつける。
③フライパンに油を熱し、とき卵を炒めて塩こしょうで味をととのえ、スクランブルエッグをつくる。
④ごはんを盛りつけ、さけ、ほうれんそう、卵をのせ、最後に刻みのりを散らす。

エネルギー量	776kcal

たんぱく質 44.7g　脂質 19.0g　炭水化物 100g　カルシウム 170mg　マグネシウム 120mg　鉄 3.6mg　ビタミンA 340µg　ビタミンB₁ 0.35mg　ビタミンB₂ 0.64mg　ビタミンC 20mg　食物繊維 6.4g　食塩相当量 1.3g

簡単！ ワンプレート朝ごはん

主食が パン

朝はパン派におすすめのボリュームたっぷりレシピです。

とり照りサンドパン＆牛乳

材料（1人分）
ロールパン 3個
とりむね肉 40g×3枚　塩 少々
サラダ油 小さじ1
だいこん 30g　にんじん 20g　塩 少々

A┌ 酢 小さじ1
　└ 砂糖 小さじ1/4

B┌ 酒 大さじ1
　├ 砂糖 大さじ1/2
　└ しょうゆ 大さじ1/2

牛乳 200mL

つくり方
①せん切りにしただいこん、にんじんに塩を振り、軽くもんで10分おく。その後水気をしぼる。Aを加えて味をなじませる。
②とり肉に塩を振っておく。フライパンに油を入れて、とり肉を中火で焼く。焼き色がついたら、Bを加えて煮詰める。
③ロールパンに切り込みを入れ、①の野菜と②のとり肉をはさむ。
④コップに牛乳を注ぐ。

エネルギー量	688kcal ※数値はとり照りサンドパン＋牛乳です。

たんぱく質 42.5g　脂質 27.1g　炭水化物 63.5g　カルシウム 290mg　マグネシウム 84mg　鉄 1.3mg　ビタミンA 240μg　ビタミンB₁ 0.31mg　ビタミンB₂ 0.51mg　ビタミンC 10mg　食物繊維 2.7g　食塩相当量 3.1g

オープンサンド＆ヨーグルト

材料（1人分）
食パン 8枚切り 2枚
卵 2個
とりひき肉 80g
レタス 20g　トマト 20g

A┌ しょうゆ 小さじ1
　└ 砂糖 小さじ1/2

サラダ油 小さじ1
プレーンヨーグルト 100g
いちごジャム 小さじ2

つくり方
①フライパンに油を入れて熱したらとりひき肉を入れ、中火で色がかわるまで炒める。といた卵、Aを加えて炒め、スクランブルエッグにする。
②食パンに①のスクランブルエッグ、一口大に切ったレタス、角切りにしたトマトをのせる。
③プレーンヨーグルトにいちごジャムをかける。
④オープンサンドとヨーグルトを器に盛りつける。

エネルギー量	703kcal ※数値はオープンサンド＋ヨーグルトです。

たんぱく質 39.6g　脂質 31.1g　炭水化物 61.8g　カルシウム 210mg　マグネシウム 69mg　鉄 3.2mg　ビタミンA 230μg　ビタミンB₁ 0.27mg　ビタミンB₂ 0.78mg　ビタミンC 7mg　食物繊維 4.8g　食塩相当量 2.7g

どうしても時間がない時は

「寝坊してしまった」、「朝練前で食べる時間がない」、そんな人は簡単に用意できるものを日頃から用意しておきましょう。ただし、簡単な食事ばかりが続いてしまうと、栄養の偏りなどが出ることもあるので、注意が必要です。

簡単補給でおすすめ！

朝ごはんも、主食、主菜、副菜がそろったものを食べることが基本ですが、どうしても時間がない時は、エネルギー源になる炭水化物が多く含まれたものや、たんぱく質やビタミン、水分などを簡単に補給できる食品をとるようにします。また、早朝練習の前に食べる場合は、なるべく消化のよいものを選びます。

おすすめの食品

おにぎり
手軽に炭水化物を補給できます。

バナナ
1本で約90kcalのエネルギーになります。

納豆
手軽なたんぱく質補給になります。

牛乳
カルシウム補給として最適の食品です。

ヨーグルト
乳酸菌が豊富で、腸内環境をととのえてくれます。

果物
ビタミンCの補給にかんきつ類やキウイフルーツを。

お弁当

　休日に試合がある時などは、活動量に対して適切なエネルギー量で栄養のバランスがととのったお弁当を用意してみましょう。お弁当づくりの基本を覚えると、おかずの組み合わせをかえるだけで、いろいろなお弁当をつくることができます。

お弁当のポイント

① 適切な量のお弁当箱を用意する
② 主食、主菜、副菜をバランスよくそろえる
③ 衛生面に気をつける

自分に合う量をバランスよく

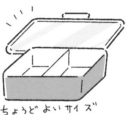

ちょうどよいサイズ

　お弁当箱の大きさは、自分の一食に必要なエネルギー量とほぼ同じです。例えば、11歳男子で身体活動レベルがⅢの場合、750mLくらいの容量になるようにします。p.33の一食当たりのエネルギー量の目安を参考に、選んでみましょう。
※補食を250kcalにしています。

　お弁当をつくる時も、ごはんなどの主食、肉や魚、卵などの主菜、野菜やきのこ、海藻などの副菜がそろうようにします。それぞれの量は、主食3：主菜1：副菜2の割合で詰めると栄養バランスがととのうといわれています。

衛生面に気をつけて！

　お弁当は調理した後に時間がたってから食べるので、衛生面には十分に注意しましょう。まず、石けんできれいに手を洗います。肉や魚、卵などは中までしっかり加熱し、十分に冷ましてから詰めます。気温や湿度が高くなる夏場は保冷剤などを使い、温度が高くなる場所で保管するのは避けるようにしましょう。

主菜

お弁当にぴったりのおかず

少し濃い味つけがお弁当に合い、ごはんがすすみます。

豚肉メンマ巻き

材料（1人分）
豚もも薄切り肉 100g（4枚）
メンマ 40g
万能ねぎ 20g
サラダ油 小さじ1
A
　おろししょうが 小さじ1/2
　酒 大さじ1
　しょうゆ 大さじ1/2
　みりん 小さじ1

つくり方
①万能ねぎは長さ10cmくらいに切る。豚肉を広げ、肉の手前の端に、メンマとねぎの1/4量をのせて、端から巻く。
②フライパンにサラダ油を熱し、巻き終わりを下にして中火で焼きつけ、転がしながら焼き色をつける。
③Aを合わせ入れ、味をからめて完成。1/2に切ってお弁当に詰める。

エネルギー量　　321kcal
たんぱく質 20.4g　脂質 20.8g　炭水化物 6.9g　カルシウム 35mg　マグネシウム 33mg　鉄 0.9mg　ビタミンA 43μg　ビタミンB₁ 0.81mg　ビタミンB₂ 0.22mg　ビタミンC 12mg　食物繊維 1.9g　食塩相当量 2.1g

とりピーナツバター照り焼き

材料（1人分）
とりむね肉 120g
サラダ油 小さじ1
ピーナツバター 大さじ1/2
A
　みりん 大さじ1/2
　しょうゆ 大さじ1/2

つくり方
①フライパンに油を入れて、一口大に切ったとり肉を中火で炒める。
②肉に火が通ったら、ピーナツバターを加える。きつね色になってきたらAを加えて煮詰める。

エネルギー量　　278kcal
たんぱく質 27.5g　脂質 14.1g　炭水化物 6.2g　カルシウム 10mg　マグネシウム 49mg　鉄 0.6mg　ビタミンA 22μg　ビタミンB₁ 0.12mg　ビタミンB₂ 0.14mg　ビタミンC 4mg　食物繊維 0.5g　食塩相当量 1.5g

副菜

お弁当にぴったりのおかず

野菜がしっかりとれて彩りもよく、お弁当の副菜におすすめ！

かぼちゃきんぴら

材料（1人分）
かぼちゃ 40g
いりごま（白）少々
ごま油 小さじ1

A
├ みりん 小さじ1
├ しょうゆ 小さじ1/2
└ 砂糖 小さじ1/4

つくり方
①かぼちゃは種とわたを取って、皮つきのまま斜め細切りにする。
②フライパンを熱し、ごま油を入れる。①のかぼちゃを入れて中火で炒める。
③Aを加えて汁気がなくなるまでいり煮にする。ごまを振ってからめる。

エネルギー量　　99kcal
たんぱく質 1.2g　脂質 4.7g　炭水化物 12g　カルシウム 19mg　マグネシウム 16mg　鉄 0.4mg　ビタミンA 130μg　ビタミンB₁ 0.03mg　ビタミンB₂ 0.04mg　ビタミンC 17mg　食物繊維 1.5g　食塩相当量 0.4g

じゃこピーマンわかめ炒め

材料（1人分）
ピーマン 30g
しらす干し 10g
乾燥カットわかめ 1g
ごま油 小さじ1

A
├ 酒 小さじ1
├ しょうゆ 小さじ1
└ みりん 小さじ1

つくり方
①わかめは水に4〜5分つけて戻し、水気を切る。ピーマンは一口大に切る。
②フライパンにごま油を入れ、わかめを中火で炒める。香りが出たら、ピーマンとしらす干しを加えて炒め、Aを加えて煮つける。

エネルギー量　　78kcal
たんぱく質 3.3g　脂質 4.3g　炭水化物 4.8g　カルシウム 41mg　マグネシウム 26mg　鉄 0.3mg　ビタミンA 35μg　ビタミンB₁ 0.03mg　ビタミンB₂ 0.03mg　ビタミンC 23mg　食物繊維 1.0g　食塩相当量 1.3g

コンビニで昼ごはんを買う時は

コンビニで好きなものばかりを選んでいると、栄養素が偏ったり、脂質や塩分をとり過ぎたりしてしまいます。そこで、加工食品などに表示されている「栄養成分表示」をチェックします。栄養成分表示には、エネルギー量や栄養素量が記載されていますので、食品を選ぶ時には必ず確認する習慣をつけましょう。

コンビニで選ぶ時の組み合わせ例

※11歳男子、身体活動レベルⅢで、一食を約750kcal（補食250kcal）に設定した場合。

おにぎり（2個）　　フランクフルト　　ポテトサラダ

約330kcal　　＋　　約200kcal　　＋　　約210kcal　　＝　約740kcal

コンビニ弁当　　ヨーグルトドリンク

約590kcal　　＋　　約160kcal　　＝　約750kcal

コンビニで選ぶ時にも、栄養バランスを考えます。おにぎり、めんなどの「主食だけ」にならないようにし、お弁当の場合は、副菜もしっかりとれるものを考えましょう。

こんな昼ごはんが続いてしまうと

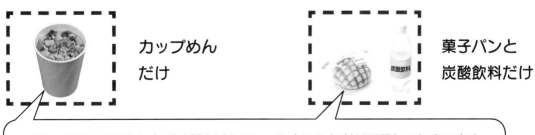

カップめんだけ

菓子パンと炭酸飲料だけ

体の成長に必要なたんぱく質やビタミン、ミネラルなどが不足してしまいます。このような食生活は、すぐに改善しましょう。

夕ごはん

夕ごはんは、トレーニング効果を高めるためにも、練習が終わったらなるべく早くとるようにします。食事まで時間がある場合は、補食を上手に活用し、寝る2〜3時間前には食べ終わるように心がけます。夕ごはんで心身をリフレッシュしましょう！

夕ごはんのポイント

① 主食、主菜、副菜、汁物、果物、牛乳・乳製品でバランスよく
② 疲労回復に役立つ食事内容にする
③ 食べる時間によっては量や内容に気をつける
④ リラックスできる環境をととのえる

夕食で体と心に栄養補給！

夕食は、「主食、主菜、副菜、汁物、果物、牛乳・乳製品」がととのった食事で、なおかつ疲労回復に役立つ栄養素（炭水化物＋ビタミンB_1）がきちんととれる内容がおすすめです。

また、夕食は食事内容だけではなく、誰かと一緒に会話を楽しんだり、楽しい雰囲気で食べたりすると、リラックスし、リフレッシュすることができます。

困った！ こんな時はどうすればいいの？

夕食の時間が遅いんです

夜遅い時間に夕食を食べると、胃腸に負担がかかって、朝ごはんの時に食欲がわかなかったり、脂肪の蓄積につながったりします。遅くなってしまう場合は、なるべく消化のよい料理や、低エネルギーで低脂肪のものにしましょう。

練習がハードで食欲がなくて……

練習で疲れていると、食事をとらずに寝てしまう人がいるかもしれませんが、これでは、ますます疲労が取れず、体づくりに大切な栄養素も摂取できません。酸味のある酢を使った料理や、かんきつ類などを食事に取り入れてみましょう。

夕ごはんでとりたい料理

主菜

身近な食材で手軽においしくつくれる夕ごはんメニュー。

豚肉と野菜の甘辛炒め

材料（1人分）
豚こま切れ肉 100g
たまねぎ 50g　チンゲンサイ 40g
にんじん 20g　しいたけ 1枚

A
- おろしにんにく 小さじ1
- しょうゆ 大さじ1
- 酒 大さじ1
- 砂糖 大さじ1/2
- ごま油 小さじ1
- すりごま（白）大さじ1/2

つくり方
①チンゲンサイはざく切りにし、にんじん、しいたけは細切りにする。たまねぎは繊維にそって縦に切る。
②ボウルにAを入れて混ぜ、豚肉と野菜を加えて混ぜ合わせる。
③フライパンを熱し、②を入れて中火で炒め、肉、野菜に火が通ったら完成。

エネルギー量	375kcal

たんぱく質 22.4g　脂質 22.3g　炭水化物 16.9g　カルシウム 100mg　マグネシウム 61mg　鉄 1.8mg　ビタミンA 210μg
ビタミンB₁ 0.88mg　ビタミンB₂ 0.30mg　ビタミンC 15mg
食物繊維 2.8g　食塩相当量 3.3g

さばと豆腐のナゲット

材料（1人分）
さば 水煮缶 80g
木綿豆腐 100g
にんじん 15g　万能ねぎ 15g
卵 1/2個

A
- みそ 大さじ1/2
- 砂糖 小さじ1

片栗粉 大さじ1
揚げ油 適量
レモン 1/8個

つくり方
①さばは汁を切っておく。豆腐は、キッチンペーパーに包んで水気を切る。
②にんじん、万能ねぎはみじん切りにし、片栗粉をまぶす。
③ボウルにさば、豆腐、卵、Aを入れてよく混ぜ、さらに②の野菜を混ぜ、6等分にして小判形に成形する。
④③を170度の油で焼き色がつくまで揚げる。レモンを添えて盛りつける。

※③で成形した時に、やわらかいようなら、さらに片栗粉を追加して混ぜてもOK！

エネルギー量	426kcal

たんぱく質 28.4g　脂質 25.7g　炭水化物 17.4g　カルシウム 350mg　マグネシウム 97mg　鉄 3.8mg　ビタミンA 170μg
ビタミンB₁ 0.26mg　ビタミンB₂ 0.51mg　ビタミンC 18mg
食物繊維 2.8g　食塩相当量 2.0g

副菜

夕ごはんでとりたい料理

副菜でとりたい「青菜」を使ったレシピを2点ご紹介します。

こまつなのちくわ磯あえ

材料（1人分）
こまつな 50g
ちくわ 20g
焼きのり 適量
しょうゆ 小さじ1

つくり方
①こまつなはゆでて水気を切り、ざく切りにする。ちくわは縦半分に切り、斜め細切りにする。
②①のこまつなとちくわに、しょうゆと刻んだのりを加えてあえる。

エネルギー量	36kcal
たんぱく質 3.8g　脂質 0.5g　炭水化物 4.5g　カルシウム 91mg　マグネシウム 14mg　鉄 1.7mg　ビタミンA 140μg　ビタミンB₁ 0.06mg　ビタミンB₂ 0.10mg　ビタミンC 20mg　食物繊維 1.1g　食塩相当量 1.3g	

青菜と切り干しだいこんの中華炒め

材料（1人分）
ほうれんそう 50g
切り干しだいこん 10g
A ┌ 顆粒とりがらスープのもと 小さじ1
　│ しょうゆ 小さじ1/2
　└ 塩 少々
ごま油 小さじ1

つくり方
①ほうれんそうはゆでて、ざく切りにする。切り干しだいこんはお湯で戻し、水気をしぼって、ざく切りにする。
②フライパンにごま油を熱し、①を入れて炒め、Aを加えて味をととのえる。

エネルギー量	79kcal
たんぱく質 2.3g　脂質 4.3g　炭水化物 8.8g　カルシウム 75mg　マグネシウム 52mg　鉄 1.4mg　ビタミンA 180μg　ビタミンB₁ 0.09mg　ビタミンB₂ 0.13mg　ビタミンC 20mg　食物繊維 3.5g　食塩相当量 0.5g	

補食

補食は、食事ではとりきれないエネルギーや不足しがちな栄養素をとるものです。間食だからと好きなものばかり食べていては、脂質や塩分などのとり過ぎになることもあります。自分に必要なものは何かを考えて、選ぶようにしましょう。

補食のポイント

① 補食の量、内容、タイミングを考える
② 三食ではとりきれないエネルギーや栄養素補給にする

補食を選ぶ時の組み合わせ例

※11歳男子、身体活動レベルⅢ、2500kcalの10〜15%
を補食250kcal〜375kcalに設定した場合。

カステラ　　　　　　　牛乳

＋　　　　＝　約270kcal

約130kcal　　　　　約140kcal

❗ワンポイントアドバイス
カステラのかわりに肉まんや脂質の少ない総菜パンなどを組み合わせてみてもOK！

糖質がしっかりとれるものに牛乳を組み合わせた補食例です。補食でエネルギー量を増やしカルシウムをしっかりとることができます。

サンドイッチ　　　　果汁100%の
（チーズ、ハム、レタス）　オレンジジュース

＋　　　　＝　約370kcal

約260kcal　　　　　約110kcal

❗ワンポイントアドバイス
オレンジジュースのかわりに、ヨーグルトドリンク、野菜ジュースなどを組み合わせてもOK！

サンドイッチは、はさむ材料によってエネルギー量がかわるので、組み合わせを考えます。卵やツナなどはエネルギー量が高く、野菜中心のものはエネルギー量が低くなります。

補食でとりたい料理

簡単につくれてエネルギーやカルシウム＆鉄補給にぴったり！

さくらえび青菜おにぎり

材料（1人分）
ごはん 200g
こまつな 30g
さくらえび 3g
しょうゆ 小さじ1
いりごま（白）少々

つくり方
①こまつなはゆでで水気を切って刻み、しょうゆで、あえておく。
②さくらえび、ごまをいって、①と一緒にごはんに混ぜ込む。
③おにぎりをにぎって完成。

エネルギー量　　357kcal

たんぱく質 8.0g　脂質 1.1g　炭水化物 75.5g　カルシウム 120mg　マグネシウム 33mg　鉄 1.3mg　ビタミンA 78μg　ビタミンB₁ 0.08mg　ビタミンB₂ 0.07mg　ビタミンC 12mg　食物繊維 3.6g　食塩相当量 1.0g

---

あんこ入り蒸しパン

材料（200mLの耐熱容器1個分）
ホットケーキミックス 40g
つぶあん 30g
牛乳 30mL
粉チーズ 3g

つくり方
①ボウルに、チーズ以外の材料をすべて入れて混ぜ合わせる。
②①を耐熱容器に入れて、粉チーズを振りかける。
③電子レンジ（600w）で1分30秒加熱する。竹串を刺して何もつかなければ完成。

エネルギー量　　254kcal

たんぱく質 7.1g　脂質 3.9g　炭水化物 47.5g　カルシウム 120mg　マグネシウム 16mg　鉄 0.7mg　ビタミンA 23μg　ビタミンB₁ 0.06mg　ビタミンB₂ 0.11mg　ビタミンC 0mg　食物繊維 2.4g　食塩相当量 0.6g

---

ジュニアアスリートが不足しがちな栄養素

ジュニアアスリートにとって、バランスのよい食事をとることは基本ですが、成長期にはカルシウムや鉄などを、おとなよりも多く摂取する必要があります。また、エネルギーを代謝するために大切なビタミンB1も重要な栄養素です。

不足しがちな栄養素をとるポイント

① **カルシウム**→牛乳・乳製品、小魚を上手に利用する

② **鉄**→赤身の肉や魚、レバー、大豆製品、青菜など、鉄が多く含まれた食品をとる

③ **ビタミンB1**→豚肉やハム、豆、玄米など、ビタミンB1が多く含まれた食品をとる

④ **好ききらいをせずにいろいろな食品を食べる**

不足しがちな栄養素をとる時の組み合わせ例

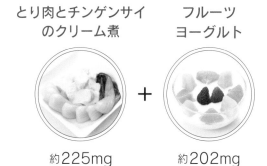

とり肉とチンゲンサイ　　　フルーツ
のクリーム煮　　　　　ヨーグルト

約225mg　　　＋　　　約202mg

これでカルシウムが400mg以上とれます。

レバニラ炒め　　　　　　豆乳

約9.8mg　　　＋　　　約2.4mg

これで鉄が10mg以上とれます。

ポークカレー　　　ナッツ入りサラダ

約1.18mg　　　＋　　　約0.1mg

これでビタミンB1が1.0mg以上とれます。

❗ワンポイントアドバイス

　カルシウムは牛乳や乳製品などを、鉄はレバーや貝類、大豆製品、青菜などを、ビタミンB1は豚肉や玄米、豆、種実などを、それぞれ料理に取り入れるとよいでしょう。

カルシウムたっぷりレシピ

成長期だからこそ、特にとりたいカルシウムがいっぱい！

マーボー厚揚げ

カルシウム 260mg

材料（1人分）
厚揚げ 100g　豚ひき肉 50g
しょうが 1片　にんにく 1片　ねぎ 20g
豆板醤（お好みで）小さじ1/2
ごま油 小さじ1
とりがらスープ 100mL（顆粒とりがらスープ
のもと 小さじ1、水100mL）
A ┌ 酒 大さじ2/3　しょうゆ 大さじ1/2
　└ 砂糖 小さじ1　みそ 小さじ1
片栗粉 小さじ1

つくり方
①厚揚げは一口大に切り、湯通しする。しょうが、にんにく、ねぎはみじん切りにする。とりがらスープにAを入れてといておく。
②フライパンにごま油を熱して、ねぎの半量としょうが、にんにく、豆板醤を入れて炒める。香りが出てきたら、豚ひき肉を加えて炒める。
③肉の色がかわったら、Aをといたとりがらスープ、厚揚げを加えて煮立てる。同量の水でといた片栗粉を加え、とろみをつける。仕上げにねぎの残りを散らす。

エネルギー量	371kcal

たんぱく質 21.7g　脂質 24.4g　炭水化物 12.5g　カルシウム 260mg　マグネシウム 82mg　鉄 3.7mg　ビタミンA 10μg　ビタミンB₁ 0.44mg　ビタミンB₂ 0.18mg　ビタミンC 4mg　食物繊維 2.0g　食塩相当量 2.9g

ゆで卵ハムグラタン

カルシウム 330mg

材料（1人分）
ボンレスハム 80g
ブロッコリー 60g
たまねぎ 50g
卵 1個
小麦粉 大さじ1
牛乳 200mL
粉チーズ 小さじ1
サラダ油 小さじ1
塩・こしょう 少々

つくり方
①たまねぎは薄切り、ブロッコリーは小房にわけてゆで、ボンレスハムは一口大に切る。ゆで卵をつくり4つ割りにする。
②鍋にサラダ油とたまねぎを入れて中火で炒める。しんなりしたら小麦粉を振り入れて炒め、牛乳を加えてかき混ぜながら煮立てる。塩・こしょうで味をととのえて煮詰め、ホワイトソースをつくる。
③グラタン皿にゆで卵、ハム、ブロッコリーをのせ、②をかけ、粉チーズを振って220℃に温めたオーブンで焼き色がつくまで焼く。

エネルギー量	432kcal

たんぱく質 33.4g　脂質 21.4g　炭水化物 27.3g　カルシウム 330mg　マグネシウム 66mg　鉄 2.5mg　ビタミンA 160μg　ビタミンB₁ 0.97mg　ビタミンB₂ 0.91mg　ビタミンC 130mg　食物繊維 4.1g　食塩相当量 2.7g

鉄たっぷりレシピ

貧血予防に不足しがちな鉄をしっかりとることができる料理です！

とり肉と豆腐のごま豆乳煮

鉄
5.5mg

材料（1人分）
とりもも肉 150g　木綿豆腐 1/4丁
だいこん 50g　しいたけ 1枚
にんじん 50g　みずな 30g
豆乳 125mL　水 125mL

A
┌ 顆粒中華だし 大さじ1/2
│ ねりごま（白）大さじ1/2
│ すりごま（白）大さじ1/2
│ しょうゆ 大さじ1/4　みそ 大さじ1/4
└ 砂糖 小さじ1/2

つくり方
①野菜、肉、豆腐は一口大に切る。
②鍋に水を入れて沸かし、Aをとき入れ、み
　ずな以外の具材を入れて煮る。
③②が煮えたら弱火にして、豆乳を注いで温
　め、みずなを加えて完成。

※豆乳は沸かすと分離するので火加減に注意してく
　ださい。

エネルギー量　　563kcal

たんぱく質 40.2g　脂質 35.1g　炭水化物 20.2g　カルシウム
280mg　マグネシウム 180mg　鉄 5.5mg　ビタミンA 440μg
ビタミンB₁ 0.39mg　ビタミンB₂ 0.45mg　ビタミンC 30mg
食物繊維 6.2g　食塩相当量 3.7g

牛肉みそ煮込み

鉄
7.0mg

材料（1人分）
牛もも薄切り肉 150g
卵 1個
こまつな 60g

A
┌ みそ 大さじ1
│ しょうゆ 小さじ1
│ 砂糖 大さじ1/2
│ おろしにんにく 小さじ1/4
└ おろししょうが 小さじ1/4
水 250mL

つくり方
①こまつなはざく切りにする。ゆで卵をつ
　くっておく。
②鍋に水を入れて沸かし、Aをとき入れる。
③②に①の卵と牛肉、こまつなを加えて煮込
　む。

※アクが出たら取り除いてください。

エネルギー量　　391kcal

たんぱく質 39.2g　脂質 19.3g　炭水化物 11.6g　カルシウム
150mg　マグネシウム 62mg　鉄 7.0mg　ビタミンA 240μg
ビタミンB₁ 0.21mg　ビタミンB₂ 0.61mg　ビタミンC 26mg
食物繊維 2.0g　食塩相当量 3.5g

ビタミンB₁たっぷりレシピ

疲労回復に役立つビタミンB₁を豊富に含む料理です。

塩ちゃんこ鍋

ビタミンB₁ 1.46mg

材料（1人分）
豚もも薄切り肉 150g
はくさい 50g　にんじん 50g
にら 30g　しいたけ 1枚
水 250mL
A ┌ 顆粒とりがらスープのもと 大さじ3/4
　├ 塩 小さじ1/6
　├ おろしにんにく 小さじ1/4
　└ おろししょうが 小さじ1/4

つくり方
①はくさいとにらは、ざく切りに、にんじんはいちょう切り、しいたけはそぎ切りにする。
②鍋に水とAを入れて沸かす。
③にら以外の材料を入れて、ふたをして煮て、最後ににらを加える。

エネルギー量　　331kcal		
たんぱく質 34.8g　脂質 16.5g　炭水化物 8.9g　カルシウム 58mg　マグネシウム 56mg　鉄 1.8mg　ビタミンA 440μg ビタミンB₁ 1.46mg　ビタミンB₂ 0.53mg　ビタミンC 21mg 食物繊維 3.4g　食塩相当量 1.5g		

豚肉はるさめ炒め

ビタミンB₁ 1.0mg

材料（1人分）
豚もも薄切り肉 100g
たまねぎ 50g　もやし 50g
にんじん 30g　にら 10g
乾燥はるさめ 20g
ごま油 小さじ1/2
いりごま（白）適量
水 50mL
A ┌ しょうゆ 大さじ3/4　砂糖 大さじ1/4
　└ みそ 小さじ1/4

つくり方
①にらは1〜2cmの長さにざく切り、にんじんは短冊切り、たまねぎは繊維にそって切る。水にAをとかしておく。
②フライパンにごま油を熱し、中火で豚肉とにんじん、たまねぎを炒める。①でとかしたAを加え、煮立ったら乾燥はるさめ、にら、もやしを加えて炒める。
③仕上げにごまを振って完成。

エネルギー量　　343kcal		
たんぱく質 24.5g　脂質 13.2g　炭水化物 29.7g　カルシウム 46mg　マグネシウム 55mg　鉄 1.6mg　ビタミンA 240μg ビタミンB₁ 1.00mg　ビタミンB₂ 0.31mg　ビタミンC 11mg 食物繊維 3.8g　食塩相当量 2.3g		

トップアスリートもおにぎり補給

おにぎりは日本人のソウルフードといっても過言ではありません。小さい頃から運動会、遠足、お花見、ピクニックなどのお弁当でおにぎりを食べた経験がある人は多いのではないでしょうか。もちろん手軽で食べやすいおにぎりだからこそ、日頃から家でおにぎりを食べる人もいると思います。そのような「おにぎり」は、トップアスリートの力の源にもなっています。普段の練習前後の補食や試合前後の補食など、あらゆる場面で「おにぎり」は活躍しています。ごはんを食べないと力が出ない、力の発揮のためにおにぎりを食べたいといった選手も多くいます。海外では、「おにぎり」がすぐに手に入らないこともあり、日本からお米を持参して自炊する選手もいます。試合や練習時のおもなエネルギー源は炭水化物のため、運動前、運動後に十分な炭水化物（糖質）を摂取できることで力を発揮することにつながるのです。試合の時は緊張して食事がなかなか食べられないという人は、小さ目の一口サイズのおにぎりを準備するとよいでしょう。

おわりに

　今、コロナ禍でアスリートのみなさんの中には、これまでと同じ練習や試合ができない日々を送っている方もたくさんいます。しかし、アスリートのみなさんはこれまでに培った健康的な体と心で苦境を乗り越えようと努力しています。

　体を動かしてスポーツを楽しむためには、自分自身が健康である必要があります。新型コロナウイルス感染症の蔓延によって、世界中の人々のスポーツをする楽しみ、見る楽しみ、参加する楽しみが損なわれています。しかし、きっとまたスポーツをする楽しみ、見る楽しみ、参加する楽しみのできる日々が戻ってくることでしょう。その時を待ちながら、今は身近にできる運動や密を避けた運動を行い、食事づくりにも参加することで、より一層生活を楽しむことができ、今後の生活に生かせるのではないでしょうか。

　本書第3章にはレシピを掲載しています。このレシピは毎日の家庭の食事に取り入れていただきやすい料理となっています。公認スポーツ栄養士の田澤梓さんが全面的に協力してくださいました。田澤梓さんに心より御礼申し上げます。最後に本書の出版にあたり、数年にわたっての作成の途中、コロナ禍の不透明な情勢の中でも、子どもたちのためにと本書を情熱をもって根気強く後押ししてくださり推し進めてくださいました編集者の北村摩理さんに深く御礼申し上げます。本書が完成し出版できましたこと、北村摩理さんに心より感謝申し上げます。

　感染症予防対策のもと、運動をして体を動かし、そして毎日の食事と睡眠によって健康的な体をつくり、維持できることに本書が役立つことを願っております。

2020年7月　亀井明子

さくいん

79

監著者 profile

亀井明子（Kamei Akiko）

国立スポーツ科学センター
栄養グループ　先任研究員

博士（栄養学）／管理栄養士／公認スポーツ栄養士
平成7年3月、女子栄養大学大学院栄養学研究科修了、
平成19年3月まで女子栄養大学助手を経て専任講師。
平成19年4月より国立スポーツ科学センター契約研究員、研究員を経て
現職。

特定非営利活動法人日本スポーツ栄養学会理事、公益財団法人日本体操
協会医科学情報委員会栄養部会長、公益財団法人日本サッカー協会医学
委員会栄養サポート部会副部会長等

オリンピック開催地での栄養サポート活動経験は、北京（2008年）、バン
クーバー（2010年）、ロンドン（2012年）、ソチ（2014年）、リオデジャネ
イロ（2016年）、平昌（2018年）のほか、アジア大会等多数。

著書（共著）

『スポーツの栄養学 トレーニング効果を高める食事』
アイ・ケイ コーポレーション
『アスリートのための栄養・食事ガイド』第一出版
『新版　コンディショニングのスポーツ栄養学』市村出版
『エッセンシャルスポーツ栄養学』市村出版
『スポーツを楽しむための栄養・食事計画 理論と実践』光生館
『ジュニアアスリートをサポートするスポーツ医科学ガイドブック』
メディカルビュー社　ほか多数

staff

レシピ製作・栄養価計	田澤 梓
イラスト・装丁	佐竹歩美
撮影	後藤祐也
DTP	木村麻紀
校正	石井理抄子
編集・スタイリング・料理製作	北村摩理
編集長	河野英人

参考文献

『スポーツの栄養学 トレーニング効果を高める食事』
藤田久雄編著 鈴木省三 亀井明子 村上太郎 高戸良之
富松理恵子共著 アイ・ケイ コーポレーション刊
『スポーツを楽しむための栄養・食事計画 理論と実践』
川野因・田中茂穂・目加田優子共編著 光生館刊
『体育・スポーツ・健康科学テキストブック 体育・ス
ポーツ指導者と学生のためのスポーツ栄養学』田口素
子・樋口満共編著 市村出版刊
『知って防ごう熱中症』田中英登著 少年写真新聞社刊
『毎日の食事のカロリーガイド 第3版』香川明夫監修
女子栄養大学出版部刊
『たのしい食育BOOK 3・1・2弁当箱ダイエット法』
足立己幸 針谷順子共著 群羊社刊
「日本人の食事摂取基準」厚生労働省
「日本食品標準成分表2015年版（七訂）」文部科学省
文部科学省HP　独立行政法人日本スポーツ振興セン
ターHP　公益財団法人日本スポーツ協会HP 「早寝早
起き朝ごはん」全国協議会HP　公益財団法人日本アン
チ・ドーピング機構HP 公益財団法人日本サッカー協
会HPほか

子どものためのスポーツ食トレ
子どもたちに伝えたい！ スポーツ栄養とレシピ

2020年10月25日　初版第1刷発行
監修・著者　亀井明子
発行人　松本 恒
発行所　株式会社 少年写真新聞社
　　　　〒102-8232 東京都千代田区九段南4-7-16
　　　　　　　　　市ヶ谷KTビルⅠ
　　　　TEL 03-3264-2624　FAX 03-5276-7785
　　　　URL https://www.schoolpress.co.jp
印刷所　大日本印刷株式会社
©Akiko Kamei 2020 Printed in Japan
ISBN978-4-87981-725-9　C2075